那些年，我们一起追的球星 II

天下足球 著

中国·北京

图书在版编目（CIP）数据

那些年，我们一起追的球星．Ⅱ / 天下足球著．—北京：金城出版社有限公司，2020.11（2023.12重印）
ISBN 978-7-5155-2058-2

Ⅰ.①那… Ⅱ.①天… Ⅲ.①足球运动 - 运动员 - 生平事迹 - 世界 Ⅳ.①K815.547

中国版本图书馆 CIP 数据核字（2020）第 180612 号

那些年，我们一起追的球星 Ⅱ

作　　者	天下足球
撰稿人	吕　楠　闫　伟　吴涵之　刘　嘉　朱晓雨
策 划 人	陈文江　李轶武
责任编辑	李轶武
责任校对	李明辉
责任印制	李仕杰
开　　本	710 毫米 × 1000 毫米　1/16
印　　张	19
字　　数	200 千字
版　　次	2020 年 11 月第 1 版
印　　次	2023 年 12 月第 8 次印刷
印　　刷	小森印刷（北京）有限公司
书　　号	ISBN 978-7-5155-2058-2
定　　价	82.00 元

出版发行	金城出版社有限公司　北京市朝阳区利泽东二路 3 号　邮编：100102
发 行 部	(010)84254364
编 辑 部	(010)64391966
总 编 室	(010)64228516
网　　址	http://www.jccb.com.cn
电子邮箱	jinchengchuban@163.com
法律顾问	北京植德律师事务所　18911105819

写在前面

那些年，足球教会我们的事

"那时我们有梦，关于文学，关于爱情，关于穿越世界的旅行。"这是诗人北岛在他的散文《波兰来客》中写下的文字。两个字"那时"便包含了所有与梦想和青春有关的日子。

也许是十年前，也许是二十年前，在我们每个人不同的时间卷轴中都曾有过某段共通的情结，它或为那时花开，或为那时年少，或为那时相识，或为那时断离。关于"那时"记忆，想来相去甚远，想去又似曾旧识。

那时我们有梦。近乎相似的梦里有少年，有伙伴，有兄弟，有烈日下为足球奔跑的快意，有夕阳下为胜利欢呼的群像。从那时起，团体运动的酣畅感再无其他可以取代，胜负间不再是英雄独尊，兄弟之情以胜利为傲，更以苦涩为忆。我们的梦，其中一个篇章，由足球书写。

关于足球，关于人生，法国作家、哲学家加缪说过："有关生活的一切，我都是从足球中学到的。"加缪因病放弃了成为职业球员的梦想，却以足球感悟人生，以《局外人》收获诺贝尔文学奖。"我明白足球永远不会从你预料的方向而来。"正是以预料之外的方式，我们带着梦想披荆上路。

关于足球，关于成长，那时少年的记忆里尽是踌躇满志的模样。我们热爱足球，到底是因为群星璀璨的绿茵场洒满梦想成真的辉煌，还是因为足球承载着数不清的不可思议？抑或那一个个耳熟能详的名字带来了一个比现实世界更显真情的足球世界？

关于足球，关于友情，曼联92班的故事只有职业球员才能体会吗？一起踢球的兄弟，一起长大的少年，相聚相依却命途迥异，各奔他乡却初衷不改。十余年后的再聚首，是把酒言欢更是人生美谈，不管功成名就还是平凡寂寥，在你我眼中仍是那时肆意少年。

　　关于足球，关于陪伴，在足球世界里，以坚守、忠诚定义的高贵品格，少年以一生只为一支球队效力为最高荣耀，但少年也不得不接受预料之外的叹息中饱含的无助。马尔蒂尼、吉格斯、托蒂终成一生所愿，令人敬仰也令人无比羡慕，但巴蒂斯图塔、劳尔、杰拉德同以忠诚榜样被永远铭记。在以陪伴作为告白的年代，离开并非永失我爱。

　　关于足球，关于遗憾，如果生活真如海明威所说，总让我们遍体鳞伤，那么，我们在足球世界里找到过面对遗憾的唯一方式。意外伤别的内马尔无力改写1比7的结局，却在两年后率领桑巴军团首次夺得奥运金牌，战胜的正是德国战车。既然失败、伤病、错过无法逃避，如果它是过程，我们还可以期待结局，如果它是结局，我们再去寻找另一个开始。

　　现实有时很残忍，足球世界并不例外。但足球世界里的群像却以最坚强的姿态重塑着永不放弃的信念，这就是我们热爱足球的理由。

　　三本《那些年，我们一起追的球星》书中所记录的球星们，正是以这样的面貌描绘着高于现实的足球世界。他们并不完美，他们都经历过大大小小的人生遗憾，但他们却将忠诚、坚毅、勇敢、不屈演绎得淋漓尽致，他们成为了最好的自己，也让陪伴他们的我们在并不完美的现实世界找寻到重塑梦想的力量。当那些受伤的地方已经变成他们最强壮的地方，我们也终于可以笑着说出那些让我们哭过的往事。

　　那时相识，我们在懵懂中追寻他们的轨迹；那时相伴，我们以他们的方式理解生活的意义。他们陪我们成长，足球也在改变着我们。他们用忠诚铸就信仰，我们用信仰追随忠诚；他们用青涩丈量成长，我们用成长笑看青涩；他们用缺憾成就完美，我们用完美致敬缺憾；他们用热血浇铸青春，我们用青春激荡热血。这是足球留给我们的印记，这是足球与我们之间最美的邂逅。

我们怀念过去，因为那里有曾经的诗和远方；我们眺望未来，因为那里有现在的梦和希望。

以足球感悟人生，以足球记录成长，关于友情，关于陪伴，关于遗憾。

因为足球，因为他们，我们成为了现在的自己。因为足球，我们走过青春与澎湃，走出迷茫和彷徨。因为足球，我们从不妥协；因为足球，我们永远倔强。

我们记录，我们想念。关于足球和青春，永远没有终章。

序言

《天下足球》，每周一的期待

5年前，我21岁，《天下足球》15岁。当时的我还在上大学，人生的前21年基本顺遂无比未见风浪，内心世界也还浅白，坐在电脑前怯怯地敲下了第一篇序《十五纪》。这一次，制片人在图书策划阶段跟我沟通时问我："你要再写一篇新的吗？"我想了想过去5年的经历，回复道："好，我想写。"

20岁的《天下足球》，和初遇它时的我差不多的年纪了。对于一个人来说，20岁还是外部世界的大门将开未开之时，可对于一个电视栏目来说，20岁绝对称得上长寿，能够见证、参与一个长寿栏目其中6年的光景，与有荣焉。这样的时刻，适合回忆，应该回忆。

初次同《天下足球》相遇是来参加试镜，只记得演播室里灯光一打，几个女孩子口中都开始念念有词，准备着试镜的即兴考题。借着初生牛犊不怕虎的劲头，我在镜头前镇定自若地讲起了小贝的故事。倘若当时知道一墙之隔的导播间里，几乎整个节目组的人都在注视着屏幕，我怕是没有那个勇气在全中国最会讲足球故事的一群人面前"镇定自若"吧。之后自己偶尔想起这次经历，也是无比感谢当初的不知者无畏促成了如今的缘分。

加盟节目正式出镜后，起初的我心理压力非常大，很大一部分原因来自于不确定性——不确定自己能否被球迷接纳，不确定当面对质疑时我能不能始终坦然相对。也是在最开始的那段日子里，我把自己的一周划分为了"星期一，以及其他日子"。

人在遭遇压力的时候会有很多种反应，或消极，或泰然处之，或应激，或故作无谓状，而我好像每个阶段都经历过，挣扎过，在这个过程中从一个任性的小姑娘一点点长大，学会了与争议共存。所幸一路走过来，我不是只身一人，《天下足球》栏目组的老师们可都是细腻的存在，正是他们如家人般的陪伴保护我到今天。

　　后来经历了兜兜转转几番波折，在暂别节目的那些天里，我会惦念有多久没能在11月份的节目中说一句"《天下足球》生日快乐"，有多久没能陪伴观众一起进入年终的"华彩"系列节目。正因如此，当再次说出"观众朋友晚上好，欢迎您收看正在直播的《天下足球》"这句话时，我内心满是珍惜和久别重逢的喜悦。请相信，带着制作精良的节目，尽力在每个周一晚上准时与球迷朋友见面，是全节目组的信念所在，亦是我整整一周的期待与欢愉时刻。

　　还有太多太多值得铭记的时刻了，好似星河，随手一捞都是流光的碎片，该被好好珍藏，我也在开启回忆的这一刻，感叹着时光流转留下的痕迹是如此美好。

　　2020年是特别的一年，我们在变局中有了更多对生命和事物的感悟，我们也在变局中更加明白什么应该被坚守。《天下足球》对很多人来说就像是一座博物馆，这里陈列着无数球星的青葱岁月，这里也保存着无数平凡人足球梦想的极致绽放。嘤其鸣矣，求其友声，足球的世界，感谢有你，感谢有你们。

　　《天下足球》20岁了，想不出更好的祝福，只愿你长长久久，愿你永如少年。生日快乐！

马凡舒

写于2020年9月30日

目录

内马尔
桑巴之光 008

托马斯·穆勒
天降大任 018

帕托
永远金童 026

法布雷加斯
天才"法宝" 034

苏亚雷斯
双面怪杰 040

鲁尼
天生我才 048

施魏因施泰格
热血雄心 056

斯内德
无悔橙心 064

伊涅斯塔
大师简成 070

罗本
我本飞侠 078

拉姆
非比寻"长" 086

范佩西
橙兵飞将 094

比利亚
杀手本色 100

哈维·阿隆索
"隆"行天下 108

伊布拉希莫维奇
我就是上帝 116

特里
蓝桥队魂 126

皮尔洛
思行合一 134

里奥·费迪南德
坚如磐石 142

德罗巴
"魔兽"无敌 150

布冯
天生门神 158

Contents

特雷泽盖
典型中锋 166

索尔斯克亚
娃面刺客 230

古蒂
情迷"金狼" 172

鲁伊·科斯塔
古典之美 236

莫伦特斯
白色的忧伤 178

雷东多
永恒王子 244

雷科巴
天才"中国男孩" 184

达沃·苏克
左脚提琴手 250

克雷斯波
异客杀手 190

加斯科因
星际迷航 256

贝隆
绝代"巫师" 196

罗马里奥
盖世"独狼" 262

斯科尔斯
低调天王 202

舒梅切尔
红魔掌门人 270

卡纳瓦罗
金球后卫 208

古利特
全能辫帅 276

维埃里
漂泊剑客 216

马特乌斯
铁血战魂 282

罗伯特·卡洛斯
暴力美学 222

克鲁伊夫
14(一世)传奇 290

内马尔
桑巴之光

内马尔·达席尔瓦
Neymar da Silva Santos Junior

国籍：巴西
出生地：摩基达斯克鲁易斯，巴西
出生日期：1992年2月5日
位置：前锋
俱乐部：桑托斯，巴塞罗那，巴黎圣日耳曼
俱乐部进球数：313球/498场
国家队进球数：64球/103场

总有一首歌，能让你想起他

> > >

歌名：Heroes
歌手：Mans Zelmerlow

  2020 年，内马尔快奔三了。在中国人的传统概念里，奔三的积极一面是一个男人正在走向成熟，收获成功，一步一步迈向人生巅峰。当然，从球员的角度看，如今的内马尔其实已经达到了人生巅峰——少年得志，欧洲冠军，桑巴领袖，金球三甲。

  内马尔刚出道时便被寄予厚望，人们将他视作梅西、C 罗之后统治世界足坛的那个人。不过，绝代双骄凭借超世绝伦的天赋和异于常人的勤奋延续着职业巅峰，内马尔始终没能成为真正的世界第一人。尽管如此，站在今天这个时间节点，28 岁的内马尔依然满足了人们对他的大部分期待。

  很多球迷喜爱内马尔是源于几个瞬间，其中一个是 2011 年巴西甲联赛桑托斯和弗拉门戈的比赛中，内马尔单骑闯关，万军丛中蜻蜓点水，刺破敌阵取得进球。凭借此球，内马尔在那年的国际足联颁奖盛典上击败梅西和鲁尼，捧回了普斯卡什年度最佳进球奖。

  内马尔再一次聚拢大量粉丝的时候，并不是某次技惊四座的球场献技，而是那次触动人心的掩面而泣。2014 年巴西世界杯 1/4 决赛，毫无防备的内马尔被哥伦比亚人祖尼加从身后撞击，钻心的疼痛感让他无力起身。看着他被担架一步步抬出球场，巴西球迷心头渐渐涌上一种不安和迷茫，尾骨骨裂让内马尔提前告别世界杯。很多球迷那时突然明白，巴西队承载的所有期望其实都加在了这个 22 岁的年轻人身上，当他倒下，桑巴军团再也站不稳了。

  作为足球王国，巴西从来不缺天才球员，但能成为领袖和旗帜的人却非比比皆是。用球王贝利的话说，真正可以代表巴西足球的人只有两个，一个是他自己，另一个是罗纳尔多。2011 年情人节当天，"外星人"含泪宣布了退役的决定，那时候，巴西球迷失去的又何止是罗纳尔多一个足球情人，小罗自甘沉沦，卡卡褪去光环，帕托让伤病拖累。巴西足球需要一位新的偶像，一位可以带领桑巴军团改朝换代的偶像，这或许就是内马尔

▲ 2011年南美解放者杯决赛第二回合，内马尔为桑托斯队首开纪录，帮助球队2比1击败乌拉圭的佩纳罗尔队，并最终夺冠。

横空出世的意义。

　　在内马尔伤退巴西世界杯之后，贝克汉姆在社交媒体上用他和内马尔的三张合影表达了对巴西球星的祝福。第一张拍摄于2001年，那时的内马尔只有9岁，追星对于那个年纪的足球少年来说是一种幸福。这张照片拍摄两年之后，内马尔就来到了桑托斯俱乐部，那是贝利和罗比尼奥实现梦想的起点，也是众多巴西少年渴望加入的圣堂。

　　内马尔的足球萌芽早已播种，桑托斯则给了他丰沃的土壤。小罗比尼奥、新贝利、下一个罗纳尔多，这些称谓一次次地用在了内马尔身上，但是，内马尔只是内马尔，他并不是某个足坛名字的传承者。在桑托斯的10年，内马尔在南美大陆完成了从球员到球星的心理积淀。

▲ 2014 年世界杯 1/8 决赛,巴西同智利上演点球大战,内马尔主罚命中之后双手指天庆祝,巴西队承载的所有期望都加在了这个 22 岁的年轻人身上。

　　小贝与内马尔的第二张合影拍摄于 2011 年的美国,彼时,小贝在洛杉矶银河享受职业生涯的最后时光,而那时的内马尔正炙手可热,青春激昂,他率领桑托斯拿到南美解放者杯冠军,圆了俱乐部多年来的夙愿。同一年,他锁定了一件象征主力身份的桑巴黄衫。

　　与此同时,远在欧洲大陆,皇马和巴萨之间明争暗斗,嘴仗不断,为的就是能够先于死敌将内马尔收归帐下。2011 年年底的世俱杯决赛,桑托斯队被巴塞罗那"梦三队"4 比 0 击败,艳羡着巴萨美丽足球的内马尔已经在幻想身穿红蓝间条衫的样子。

　　果然,2013 年 11 月,当小贝同内马尔拍下第三张合影的时候,内马尔已经穿上了红蓝球衣,与他同袍而战的是仍处巅峰期的哈维、伊涅斯塔,

△ 2011年世俱杯决赛，内马尔领衔的桑托斯队同梅西领军的巴塞罗那队相遇，两人在比赛中直接对抗，巴萨最终4比0完胜。

他渴望像前辈一样成为这里的国王。也有人说内马尔选择诺坎普有点来不逢时，因为梅西才是巴塞罗那的上帝，只要阿根廷人在，就没有第二个人能代替他的尊位。

在巴塞罗那的前两年，内马尔选择了谦逊，在巴萨成熟的战术体系中扮好自己的角色，他甘当绿叶，不抢戏，不贪功，这就是内马尔走进巴萨球迷内心的方式。在梅西和内马尔之外，乌拉圭怪才苏亚雷斯在2014年世界杯后加入了巴萨阵营，"MSN组合"就此惊艳问世，带领着全新的巴萨披着"梦三"的余晖，走在"梦四"的路上。

你可以说是恩里克绘制了这座"梦四"圣殿的蓝图，也可以说是梅西撑起了圣殿的骨架，不过在2015年柏林奥林匹克球场那个欧冠决战的夜

▲ 2015年1月11日，巴塞罗那在西甲联赛中主场3比1力克马德里竞技，"MSN组合"大发神威，内马尔、苏亚雷斯、梅西各入一球。

晚，为巴萨锁定胜局的人是内马尔。比赛结束的时候，巴西人跪地而泣，内马尔自认为不是个爱哭的人，但越愿意付出真心的人，感情也越细腻吧。

不过，这场欧冠决赛并不是内马尔巴萨生涯的代表作，2017年那个永载史册的诺坎普奇迹，内马尔奉献两粒进球、制造一记点球，罗贝托最后时刻的世纪绝杀同样来自内马尔的助攻。可以说，这是由内马尔导演的一次史诗级逆转。比赛结束后，内马尔眺望远方的动作有点意味深长，也许那时他已经不再甘于位居人下，他想要绝对的核心地位以及与地位相符的至尊身价。在当时，只有作为诺坎普奇迹背景的大巴黎能满足这一要求。

2017年夏天，内马尔以2.2亿欧元的天价空降巴黎。内马尔效应迅速从王子公园球场蔓延至整个法甲联赛，由于内马尔的存在，法甲在全世

界的收视份额翻了一番。

来到大巴黎之后,内马尔想在新球队立威当然会引发一些老臣的不满,比如性格倔强的卡瓦尼。抢罚点球风波让两人之间产生龃龉,埃梅里费了半天劲才让两人冰释前嫌,卡瓦尼、内马尔和姆巴佩的"MCN 组合"也慢慢地渐入佳境。

然而,法甲的各路对手可不会把内马尔当块宝,在巴黎的头两年,内马尔在对方球员和球迷对他身体和精神的双重侵犯下几乎遍体鳞伤,伤缺总计 6 个月的代价让他对法甲的野蛮生态忍无可忍,渐渐萌生去意。

内马尔要重回巴萨的说

▲ 2014/2015 赛季欧冠决赛,巴萨与尤文会师柏林奥林匹克球场,内马尔伤停补时阶段攻入一球帮助球队锁定 3 比 1 的胜局。这个赛季,内马尔帮助巴萨连夺西甲、国王杯、冠军杯成为三冠王。

◂ 2018 年世界杯 1/8 决赛,巴西队面对老对手墨西哥,内马尔在第 51 分钟终于打破僵局,巴西队最终 2 比 0 取胜晋级八强。

︿ 2020年8月23日，巴黎圣日耳曼在欧冠决赛中一球小负拜仁慕尼黑。颁奖仪式上，领取完亚军奖牌的内马尔含泪拍打了一下欧冠奖杯，这是他加盟大巴黎后离这座奖杯最近的一次，却遗憾地擦肩而过。

法在2019年夏天甚嚣尘上，这让他陷入到转会风波中，火上浇油的是，内马尔在采访中又不合时宜地称诺坎普奇迹是自己职业生涯的高光时刻，这让大巴黎球迷更是怒不可遏。于是乎，内马尔一下子由宠儿变成了巴黎公敌。

但此时的内马尔已经足够成熟，在转会巴萨告吹之后，他潜心走上了自我救赎之路，这是他职业生涯从未遇到过的荆棘。好在内马尔走过来了，对阵斯特拉斯堡的倒钩绝杀让大多数巴黎球迷重新接纳了他。而且在这个赛季，他率领大巴黎历史上首次闯入欧冠决赛，只是最终0比1不敌拜仁屈居亚军。内马尔赛后掩面哭泣，离开巴萨后，他太需要这样一个冠军来证明自己了。不过，这个奔三的男人已越来越成熟和专注，这或许是比冠军荣誉更有价值的成长。

作为球员，28岁的内马尔征服过南美，也俯瞰过欧洲。2016年夏天

的里约奥运,在家乡父老面前,作为队长的内马尔弥补了两年前未曾主宰马拉卡纳的遗憾,巴西的奥运足球金牌魔咒在内马尔脚下被打破。可惜的是,2018年的俄罗斯,他还是没能率领巴西重新感受大力神杯的温度,而且,他还因为被对手侵犯后略显夸张的反应遭到全世界球迷的嘲讽,"内马尔滚"一度成为全球热词。

　　世界杯,无疑就是内马尔职业生涯的下一个奋斗目标,那是所有巴西人的梦想。正因如此,无论他在欧洲经历过什么,在巴西人眼里,内马尔就是一道光,照亮自己,也照亮桑巴大地。

◁ 2016年里约奥运会男足决赛,内马尔在点球决战中罚入制胜点球,东道主巴西击败德国夺冠,足球王国终于打破了奥运金牌魔咒。

天降大任
托马斯·穆勒

托马斯·穆勒
Thomas Muller

国籍:德国
出生地:威尔海姆,德国
出生日期:1989年9月13日
位置:前锋
俱乐部:拜仁慕尼黑
俱乐部进球数:201球/540场
国家队进球数:38球/100场

总有一首歌，能让你想起他

>>>

歌名：If We Try
歌手：Boyzone

  盖德·穆勒、迪特·穆勒、安迪·穆勒，德国足球在各个时期都会降临一名叫做穆勒的球员。这不是传说，但天降大任于穆勒，增益其所不能后，真的助其终成大器，成为了德国足球的英雄，这是不争的事实。第四位大任继承者就是托马斯·穆勒，在一番心志体肤的历练后，托马斯成为了加强版的"战车英雄"。穆勒传说始终在德国足坛延续。

  新一代穆勒似乎被设置了更强的武力装备，自他踏入江湖伊始就格外引人注目。他是被荷兰名帅范加尔提拔进入拜仁一队的，但在那之前，他就进入了范加尔前任克林斯曼的法眼。托马斯奉穆勒一代"轰炸机"盖德为自己的偶像，他得到盖德注目的方式就是持续轰炸。托马斯出道的第一个赛季就在各项赛事中贡献了19粒进球，20岁的年轻球员在拜仁慕尼黑只用时一年就从第五前锋打到绝对主力，仅此一点就已经足够令人侧目。

  但对托马斯·穆勒来说，他也必须要经历承大任者必先心志受苦的境遇。尽管他个人持续保持着高效进球率，但也不得不接受拜仁慕尼黑一次次与冠军擦肩而过的巨大遗憾。2011/2012赛季，拜仁得到了三个亚军，这一史无前例的耻辱让俱乐部高层和球迷震怒不已，但是，最受伤害的却是球员的信心。

  德甲联赛和德国杯被多特蒙德抢去所有风头，而在安联球场进行的欧冠决赛中，拜仁竟然让做客的切尔西"偷"走了奖杯。穆勒本是那场决战中的进球英雄，在所有人都以为胜局已定的时候，这员福将被替换下场。在最后时刻，切尔西由德罗巴追平比分。1999年的那一幕难道要再次上演吗？现场的德国解说员巨大的担心在最后还是变成了现实，欧冠决赛被逆转的剧情在德甲豪门身上又发生了一次。

  如果说2010年欧冠决赛完败国际米兰是实力不济，那么2012年在家门口错失唾手可得的奖杯则让人痛惜，所以才有了与1999年的对比，同

▲ 2011/2012 赛季欧冠决赛，穆勒为拜仁慕尼黑先拔头筹，但最终切尔西队却在拜仁的家门口夺走了奖杯。

▽ 2012/2013 赛季，拜仁连续第二年闯入欧冠决赛，并在一场德国内战中 2 比 1 力克多特蒙德夺冠。颁奖仪式上，穆勒骑在诺伊尔的脖子上举杯欢庆。

样的痛楚给两代拜仁球员带来了同样的伤痕，却也成为激励他们争夺冠军的最强动力。1999 年，托马斯·穆勒 9 岁，两年后，11 岁的他就亲眼目睹自己的偶像球队用冠军弥补了遗憾。如果失意的剧情会被历史重演，那么胜利的结局同样能被人力导演。在 2012 年那个失败的夜晚，22 岁的托马斯·穆勒给所有队友发出一条短信："夺回失去的冠军并不需要太久。"

事不过三，一年后，当拜仁慕尼黑四年内第三次闯入欧冠决赛时，穆勒的预言成真，赛季三冠王是拜仁绝对空前的成就。开挂的穆勒在这个伟大的赛季真正实现建功立业，他在联赛中贡献 13 粒进球，德国杯决战首开纪录，在拜仁最看重的欧冠赛场，穆勒一人就有 8 球入账。直到今天，那两场总比分 7 比 0 碾压巴塞罗那的半决赛还时常被提起，拜仁成为了"宇宙仁"，贡献其中 3 球的托马斯已承大任。

同穆勒们一样，新一代穆勒善传射，能进球，但新一代的穆勒又显得完全不同。在球迷们意识到这一点的时候，执教过穆勒的名帅们早有解读。三冠王教头海因克斯就说，托马斯总不按常理出牌，德国国家队主教练勒夫更直接评判托马斯是个异类。但他们同时为这样的评价加上了注释：如果托马斯只有一个技术特点，那就是能进球。

无论是与前辈还是与同时代的球星相比，托马斯·穆勒都显现不出优于他人的个人技术，但是，19 岁的托马斯就能被克林斯曼看中，因为他"永远不需要第二次机会"；固执的范加尔坚持让 20 岁的托马斯首发，声称只要自己还是拜仁主帅，就会一直这样做；老帅海因克斯只叫他"超级男孩"，还预言拜仁王朝会拥有穆勒时代；勒夫足足用了四年时间去"看懂"这个异类弟子，终于不再对他的进球感到惊讶，因为他只有"不进球才是不寻常"。

2010 年南非世界杯，主教练勒夫同全世界球迷一样，都为一个 20 岁的年轻人能荣膺金靴而惊讶不已。在参加世界杯前，托马斯·穆勒只踢过 38 场德甲联赛和两场国家队比赛，堪称新人中的新人。他的国家队处子球到了世界杯赛场才来得及完成，然后他一下子就攻入了 5 球，20 岁的托马斯比 20 岁的梅西和 20 岁的 C 罗战绩更加骄人。这就是他被所有主帅钟

∧ 2010年世界杯1/4决赛德阿大战，穆勒开场3分钟便首开纪录，帮助德国战车4比0碾压阿根廷。

∨ 2014年巴西世界杯夺冠之后，穆勒高举大力神杯同队友博阿滕和默特萨克一起庆祝。

爱的原因，他能带来胜利——任何时间，不惧大场面。

巴西世界杯结束后，勒夫才说："我不会对穆勒感到任何惊讶了，因为任何神奇发生在他身上都有可能。"穆勒在 2014 年世界杯上又攻入了 5 粒进球，其中还包括一个帽子戏法，对手是 C 罗领衔的葡萄牙队。他一度被认为是最有可能打破克洛泽 16 粒世界杯进球纪录的球员，因为那时的他才只有 24 岁。

然而，2018 年世界杯上的穆勒同德国队一起迷失，卫冕冠军小组即遭淘汰，外界也给穆勒扣上了"最被高估球员"的帽子。穆勒成了德国队出局的替罪羊之一，勒夫甚至公开宣布国家队不再征召他。在拜仁，穆勒的主力位置也发生了动摇，这让他动了转会的念头。诸多不顺让乐天派穆勒陷入到一段时间的苦闷之中。

直到 2019 年 11 月弗里克入主拜仁之后，穆勒才终于一扫阴霾，他的"出厂设置"得以恢复，进球数和助攻数都稳步提升。2019/2020 赛季，穆勒在联赛中贡献了 12 粒进球和 21 次助攻，与梅西并列这个赛季的欧洲助攻王。欧冠 8 比 2 狂扫巴萨的经典一战，穆勒更是打进两球助攻一球。最终，时隔 7 年之后，拜仁再次征服欧洲，再次包揽赛季三冠，穆勒则收获了个人的第二座欧冠奖杯。

球迷们给穆勒起了个"人生大赢家"的名字。31 岁的他已经拿过世界杯、欧洲冠军杯、赛季三冠王和五次联赛冠军，每一个冠军里都有他最重要的贡献。他有一个超级美满的家庭，托马斯 20 岁时便与青梅竹马的女友完婚，又帮助妻子完成了成为马术运动员的梦想。

而作为人生赢家的最重要标准，托马斯始终让自己生活在欢笑当中。球迷们沉浸在托马斯的"萌态"中，队友们喜欢与他戏耍和玩笑，甚至连拜仁俱乐部的社交媒体也经常"调皮"地推出穆勒的搞笑视频。穆勒坦言，他无比享受能为别人带来快乐的生活。所以，在紧张的世界杯休战日里，他愿赌服输地穿上女仆装为全队充当餐厅服务生，毫不介意以这样的形象面对全世界球迷；他总是在训练中搞怪卖萌，在任何场合充当着开心果的角色；每当拜仁获得一项冠军，总是他拿着大喇叭冲入球迷当中，带

▲ 2012/2013 赛季欧冠半决赛第二回合，拜仁客场 3 比 0 击败巴萨，并以总比分 7 比 0 横扫晋级决赛。赛后，拜仁全队跪谢自己的远征球迷，穆勒的庆祝尤为销魂。

▽ 2019/2020 赛季欧冠决赛，拜仁慕尼黑 1 比 0 小胜巴黎圣日耳曼队，时隔 7 年再次征服欧洲，穆勒也收获了个人的第二座欧冠奖杯。

领他们一起唱歌跳舞；他是社交网络粉丝最多的拜仁球员，他还是德国记者最喜欢采访的球员，尽管他也经常拿记者们"开涮"。

　　托马斯·穆勒总能"轻而易举"地赢得一切。于球员这个残酷的职业中，他的幸运就像是带着一种天降大任于他的冥冥注定，审视他的坦途，成功又显得那么理所当然。乐观的精神给了他球场内外不惧怕任何困境的态度，聪明的头脑让他将机会演变为进球、胜利，谦逊的品质让他获得了教练、队友、球迷和媒体等几乎所有人的喜爱，而幸福的家庭生活让他将专注释放于球场和他的事业。

　　天降大任于穆勒，没有给他最出众的天赋和最华丽的技术，却给了他最优秀的品质，成就托马斯承接大任，未来依然可期。

永远金童 帕托

亚历山大·帕托
Alexandre Pato

国籍：巴西
出生地：帕图布兰库，巴西
出生日期：1989年9月2日
位置：前锋
俱乐部：国际，AC米兰，科林蒂安，圣保罗，
　　　　切尔西，比利亚雷亚尔，天津权健
俱乐部进球数：182球/458场
国家队进球数：10球/27场

总有一首歌，能让你想起他

>>>

歌名：Unmistakable
歌手：Backstreet Boys

　　提起帕托的名字，你首先想到的会是什么？是起初让米兰球迷苦等半年方才降临圣西罗的金童，还是那个一袭白衣如风掠过诺坎普草皮的少年？是进球后摆出心形手势表达爱意的多情王子，还是那个屡屡受伤倒在场上痛苦万分的"玻璃人"？抑或是远赴中国在场上场下不脱少年气的大男孩？

　　或许都是，或许都不是。帕托的名字，像一个虚虚实实的印记，时而俏皮，时而沉重，时而近，时而远。

　　和许多巴西前辈家喻户晓的名字并非其真名一样，亚历山大·罗德里格斯·达·席尔瓦更为人知的名字是帕托（Pato）——一个在葡萄牙语里直译为"鸭子"的绰号。

　　也和许多巴西球星一样，属于帕托的故事开头写满了年少成名。2006年，年仅16岁的帕托被巴西国际队签下，参加了巴西U20全国锦标赛。同大自己近4岁的球员同场竞技，帕托却最终夺走了金靴，并帮助国际队获得冠军。

　　同年，帕托进入了一线队。在年底的世俱杯赛上，帕托在同埃及阿赫利队的半决赛中攻入一球，17岁零102天的他成为了国际足联旗下赛事中最年轻的进球者，他打破的正是球王贝利在1958年世界杯上创造的17岁零239天的纪录。

　　初出茅庐的帕托很快引来了欧洲豪门的注意，AC米兰捷足先登，2007年8月，他们用2200万欧元的高价将少年帕托带到了圣西罗。不过，国际足联规定国际转会球员的年龄必须要超过18岁，意甲注册截止日期为8月31日，而帕托的生日是9月2日，差两天不满18岁。由于相差的这48小时，红黑拥趸们不得不为帕托的出场多等待了半年时间。

　　在这半年当中，复仇利物浦重登欧洲之巅的红黑军团开始显现一些问

∧ 2008年1月13日,帕托终于迎来自己的AC米兰首秀,他在万众期待中打进一球,红黑军团5比2大获全胜。

∨ 2009年11月22日,帕托进球帮助AC米兰4比3击败卡利亚里,他摆出了心形手势庆祝,这也是他标志性的庆祝动作。

题，老将们身体机能下降，球队伤病号增多，人们对帕托的期待因而更为强烈。米兰城需要一些新鲜血液，这关乎荣耀，关乎未来。

2008年1月，意大利联赛注册窗口再次开启，帕托终于得以在正式比赛中披上红黑间条衫。他的首秀没有辜负众人的期待，在圣西罗5比2大胜那不勒斯的意甲比赛中，帕托表现积极，在进攻端参与良多，并且打进红黑生涯处子球。比赛中进球的还有他的两位巴西老大哥，罗纳尔多梅开二度，正值大红大紫的卡卡也有一球进账。

赛后的帕托激动得泪流满面，身披7号球衣的他，传承的是舍甫琴科的号码，身边则是罗纳尔多、卡卡这样的同胞巨星，他很清楚自己身上承载着多么高的希冀。而在AC米兰看来，他们已为卡卡找好了接班人，红黑军团核心地位将在未来实现完美交接。

两周后，帕托又迎来了自己在AC米兰的首次梅开二度，面对热那亚，他包揽了两个进球。帕托在锋线的速度、嗅觉和射门手段都显示出了与年龄不相称的成熟，各种赞誉纷至沓来。

加盟AC米兰半个赛季，帕托在20次出场中交出了9个进球的答卷。但遗憾的是，前一个赛季还是欧洲冠军的红黑军团仅排名意甲第5，无缘欧冠。

2008/2009赛季是帕托为AC米兰效力的第一个完整赛季，这个赛季的米兰人员变动巨大，特别是在进攻线上——罗纳尔多返回巴西，而小罗从诺坎普来投，吉拉迪诺转战紫百合，舍甫琴科则回归圣西罗。但在人来人往的喧嚣中，帕托却坐稳了主力前锋之位。整个赛季，他为球队出场42次打进18球，成为了队内最佳射手，成功帮助米兰重返欧冠舞台。

在卡卡2009年夏天远走伯纳乌之后，帕托成了圣西罗新的金童，也是米兰人心中卡卡的最佳替代者。造化弄人，那个赛季的欧冠，AC米兰与皇马被分在了同一个小组。马德里的雨夜，帕托独中两元帮助球队3比2逆转取胜，卡卡失落的身影映衬着帕托阳光般的笑容，米兰足球的权杖在这一刻完成了交接。

欧洲金童奖，意甲最佳新秀，各种荣誉接踵而至，耀眼的光芒环绕着

▲ 2010/2011 赛季，帕托在联赛中有 14 球进账，同伊布和罗比尼奥并列队内最佳射手，帮助 AC 米兰时隔 7 年重夺意甲冠军。

▼ 2011/2012 赛季欧冠小组赛，AC 米兰做客诺坎普挑战巴塞罗那，帕托开场仅仅 24 秒便取得闪电进球。

刚满 20 岁的帕托。然而接下来，伤病也悄然降临。2010 年上半年，帕托就先后 4 次受伤，在出场时间受到制约的同时也影响到了竞技状态，他也因此落选了桑巴军团 2010 年南非世界杯的大名单。在这之后，帕托始终都与世界杯赛场无缘，这恐怕是他职业生涯最大的遗憾了。

伤伤停停当中，帕托仍时有亮眼表现。伤病猛于虎，但健康时就能闪光，成了他那两个赛季的写照。

2010/2011 赛季，帕托在联赛中有 14 球进账，同伊布和罗比尼奥并列队内最佳射手，帮助 AC 米兰时隔 7 年重夺意甲冠军。帕托这个赛季的标志性比赛是第 31 轮的米兰德比，这也是一场榜首大战。开场仅仅 42 秒，帕托便为球队打开胜利之门，此后他又梅开二度，AC 米兰用一场 3 比 0 的完胜巩固了榜首之位。

5 个月后的新赛季欧冠，帕托再用一个闪电进球让世人惊叹。红黑军团做客诺坎普，面对如日中天的巴塞罗那，开场哨余音尚在，便见一道白光从中路闪出，转瞬之间，巴萨整条防线就已土崩瓦解。24 秒，帕托攻陷诺坎普。

然而，这几乎就是帕托在 AC 米兰最后的高光时刻。在很长一段时间里，伤病和花边新闻成了帕托的代名词。对一名正值青春年华的球员而言，场外关注多过场内的状态，多少有些残酷。

最终在 2013 年 1 月，帕托与 AC 米兰的故事迎来了终章，5 年时间，他只为红黑军团出场过 150 次，留下 63 粒进球。在反反复复的伤病中，帕托给米兰留下了一张难称完美的成绩单，他没能在自己的巅峰期获取更大的成就。来时风光无两，去时落寞不甘，帕托的红黑生涯有一个闪亮的开头，结局却写满了无奈。

选择回到巴西，帕托希望能在最熟悉的环境里卧薪尝胆，重新找回最初那个最好的自己，等待有朝一日再战欧洲。在科林蒂安，在圣保罗，帕托逐渐重拾信心，灿烂的笑容又重新回到了他的脸上。尤其是 2015 赛季，他共为圣保罗打进 26 球，也就此重新获得了欧洲足坛的青睐。

然而，无论在切尔西还是在比利亚雷亚尔，帕托都只是匆匆过客，回

2016年8月17日,在主场对阵摩纳哥队的欧冠附加赛首回合比赛中,首次代表比利亚雷亚尔队在正式比赛中出场的帕托攻入一球,不过比利亚雷亚尔队1比2不敌对手。

归主流联赛的梦想看似已经实现,实则依然遥不可及。无奈之下,帕托只得再次远行。

这一次,金童来到了中国球迷的身边。2017年年初,帕托加盟了中超球队天津权健。在中国,帕托似乎重新找到了足球的快乐。在场上,他是卡纳瓦罗麾下最具威胁的攻击手,两年时间打进了36粒进球;在场下,他积极融入中国文化,学摊煎饼果子,吃汤圆,踢毽子,跳广场舞,向中国球迷充分展示了他的乐观、豁达和真诚,并被赞为最接地气的中超外援。如果不是因为俱乐部发生变故,相信帕托不会选择再回圣保罗,而是继续享受在天津的快乐时光。

在今天,我们会为帕托未能完全兑现自己的天赋而遗憾,也会设想假如没有伤病,他能达到怎样的高度。但世界本是如此,充满缺憾,却又值

▲ 2017 赛季中超第 28 轮，帕托攻入制胜进球，帮助天津权健 2 比 1 逆转河北华夏幸福队。

得释怀——我们没有等到那个存在于构想里的超级帕托，但帕托却活得真实，过得洒脱。

　　他曾风光，也曾落寞，他曾少年得志，也曾伤病缠身，但在我们的印象里，他永远都是那个灵动十足的圣西罗金童。哪怕如今他已过而立，但在米兰城的那段少年时光，始终是属于帕托的一个标签，一种符号，留存在你我的记忆之中。

天才"法宝"
法布雷加斯

弗朗西斯克·法布雷加斯
Francesc Fabregas

国籍：西班牙
出生地：滨海阿雷尼斯，西班牙
出生日期：1987年5月4日
位置：中场
俱乐部：阿森纳，巴塞罗那，切尔西，摩纳哥
俱乐部进球数：122球/692场
国家队进球数：15球/110场

总有一首歌，能让你想起他

>>>

歌名：See You Again
歌手：Charlie Puth

  他所背负的盛名，他所赢得的荣誉，以及他所承受的争议与质疑，所有的一切都成绝对的正比。这听上去像一个悖论，但它却真实存在。对于法布雷加斯而言，他或许是当今世界足坛被误解最深的球员之一，他曾是别人口中的叛徒犹大，曾是别人口中的内鬼乱臣，但无论处在怎样的质疑风暴里，谁都无法否认，法布雷加斯是足球天才，法布雷加斯是天生赢家。

  "莫扎特 6 岁时就能弹非常好的钢琴，但我永远也弹不了那么好。而一些球员 16 岁的水平，很多球员一生都无法企及。为什么？因为他们都是真正的天才。"这是小法 16 岁那年，恩师温格对他的评价。

  那时有很多人觉得，温格只不过是在例行公事，夸耀这个刚刚签下的所谓天才。但很快人们就发现，温格真的寻到了一匹千里马。2003 年，法布雷加斯告别了他在拉玛西亚的生活，告别了他的好友梅西与皮克，告别了他梦中的诺坎普球场，背起行囊，离家追梦。他说，那是他人生中第一个"最艰难的决定"。

  法布雷加斯没有让温格失望，他的成长轨迹超乎寻常。16 岁 177 天，他成为了阿森纳队史最年轻的出场者；16 岁 212 天，他成为了阿森纳队史最年轻的进球者。当然，小法初闯英伦的岁月，不只有光鲜的纪录为伴。那块扔向弗格森的比萨饼，也成为了法布雷加斯青葱岁月留下的灰暗印记，那时他还是个孩子，血性却略显鲁莽。

  直到 2005 年，维埃拉的离开成全了法布雷加斯的破茧成蝶。他接过了法国人留下的 4 号衣衫，成为枪手的主力战将。那一年，他仅仅 18 岁，与球队一起站在了欧冠决赛的舞台。面对旧主巴塞罗那，法布雷加斯无法完成反戈一击。那时，年轻气盛的小法并未因失败而极度悲伤，毕竟他深信未来会是他主宰的战场。

  2006 年夏天，为了提防豪门挖角，阿森纳以一纸长达八年的超级合

◁ 2004年7月,阿森纳队在奥地利进行季前训练,温格对17岁的法布雷加斯悉心指导。在教授看来,小法是真正的天才。

▽ 2009/2010赛季英超首回合北伦敦德比,法布雷加斯攻入一球,帮助阿森纳在主场3比0大胜死敌托特纳姆热刺。

同，让小法与其血肉相连，这是一个彼此深信不疑的信号。教授也逐渐开始打造以法布雷加斯为核心的进攻体系，在后腰的位置上，小法游刃有余，潇洒飘逸，他将阿森纳的进攻梳理得井井有条，唯美华丽。英超赛季全勤，13次助攻，小法在19岁成为了欧洲金童，那时有很多人断言，两到三年，小法会成为英超第一中场。

人们并没有看走眼，在随后的年月里，法布雷加斯成为了阿森纳真核。2009/2010赛季，他交出了大号两双的华丽数据，19个进球，19次助攻。此时的法布雷加斯配得上英超第一中场的美名，皮球在他脚下总可以见缝插针，妙笔生花。而在一年前，他更是从加拉手中接过了队长袖标，这一年，他21岁，成为了枪手战术层面与精神层面的双料领袖。

但这依然无法改变他在阿森纳悲情的命运，多年无冠成为了小法在阿森纳的阿喀琉斯之踵，也最终决定了他的离开。尤其是2008/2009赛季，看到昔日拉玛西亚好友梅西与皮克随巴萨捧起欧冠，他更是满眼羡慕。

法布雷加斯回家的新闻，一直在江湖纷飞，直到2011年夏天，一切尘埃落定，法布雷加斯与阿森纳的八年缘分画上句点。离开时，小法写下了那句"一日枪手，终生枪手"。他说，他此生最大的遗憾，是没有以队长身份为阿森纳捧起一座冠军奖杯。

为了冠军，他回到了巴塞罗那，身后有枪手球迷的祝福，更有不解与谩骂，但他要为了冠军回家。

但意想不到的是，小法回家后，他所受到的文化冲击，比他16岁初闯英伦时还要大。我们必须承认，最好的法布雷加斯留在了阿森纳，而非巴萨。在布斯克茨、哈维和伊涅斯塔组成的"中场铁三角"面前，法布雷加斯始终没有找到自己最舒服的位置，他始终没有看清真正回家的路。

瓜迪奥拉和比拉诺瓦都没有彻底激活小法，倒是在马蒂诺手下，小法依稀回到了当年阿森纳的旧时光，一度威风八面。在加泰罗尼亚，他终于告别了无缘冠军的尴尬，除了一座欧冠，他赢得了可以赢得的一切。

小法天生赢家的属性，不仅局限在巴塞罗那，他的斗牛士生涯随着西班牙足球的黄金时代而无比绚烂。2010年南非世界杯决赛，为伊涅斯塔绝

▲ 2015年5月24日，切尔西以较大优势夺得英超冠军，法布雷加斯冲着冠军奖杯献上深深一吻。

◀ 2013年4月6日，法布雷加斯上演个人职业生涯的首个帽子戏法，帮助巴萨在诺坎普5比0大胜马洛卡。

▼ 2010年世界杯决赛，伊涅斯塔进球绝杀荷兰，为他送出助攻的正是法布雷加斯。夺冠之后，小法同皮克和普约尔欢庆胜利。

杀献上助攻的正是法布雷加斯。2012年欧洲杯决赛，也是法布雷加斯，助攻大卫·席尔瓦为西班牙敲开胜利之门。在人才济济的西班牙中场，能够谋得自己的一席之地，并在关键时刻闪耀星光，两座欧洲杯，一座世界杯，是上天赋予小法应有的奖赏。

只是，小法的人生并没有因为冠军而让他远离争议的浪潮。2014年夏天，法布雷加斯又要离家了，目标依然是伦敦，但却不是熟悉的阿森纳，切尔西成了他的下一站。这个选择，让阿森纳球迷出离愤怒，叛徒犹大的骂名在这时纷至沓来。小法说，他想要回到阿森纳，但温格拒绝了他。教授也说，他从来不后悔没有重新签回法布雷加斯，只是遗憾当初他的离开。

回到英超，对于小法而言，更像是一次真正意义上的回家，回归的第一个赛季，他就以18次助攻荣膺助攻王，切尔西也加冕英超桂冠。而后来，故事又再生变化，穆里尼奥下课，法布雷加斯被指为做掉穆帅的内鬼，不过，穆里尼奥在下课后捍卫了自己的爱徒。

在这之后，法布雷加斯又随切尔西各拿到了一次英超、足总杯和联赛杯冠军，但在两任意大利主帅孔蒂和萨里手下，小法逐渐失去了位置，这让他在2019年初转投摩纳哥。但直到此时此刻，那个我们熟悉的最好的小法，依然没有回来，但愿，他还会回来。

其实，法布雷加斯的每个选择都可以被理解，每一个都是在特定时间里"最艰难的决定"。但当这些踌躇与抉择串成一线，却将法布雷加斯推向了"万劫不复"的深渊。

救赎，对于法布雷加斯来说，是个复杂的命题，可遇而不可求。质疑也好，误解也罢，都是他足球生命的一部分，但除却这些，他的足球气质与足球光华不应该被是非所湮灭。如果爱，依然可以深爱；如果恨，依然可以憎恨。爱你的人永远都在，恨你的人同样如是。爱恨之间，或许才是那个无限接近真实的法布雷加斯。

双面怪杰

苏亚雷斯

路易斯·苏亚雷斯
Luis Suarez

国籍：乌拉圭
出生地：萨尔托，乌拉圭
出生日期：1987年1月24日
位置：前锋
俱乐部：民族，格罗宁根，阿贾克斯，利物浦，巴塞罗那，马德里竞技
俱乐部进球数：420球/649场
国家队进球数：62球/115场

总有一首歌，能让你想起他

歌名：Nothing Lasts Forever
歌手：Echo and the Bunnymen

  总觉得苏亚雷斯有这样一种魔力，他可以让媒体和球迷倾囊给予所有的溢美之词，因为苏亚雷斯作为前锋的个人成就，的确配得上任何的褒奖。在外界眼里，苏亚雷斯有时候就是球场上的天使，带来胜利，带来激情，带来一种足球世界中独特的精神满足感。同时，他也可以用一种出人意料的方式背上世界足坛四面八方的声讨，让人们不得已去重提他曾经留下的种种劣迹，对他进行口诛笔伐，那时，他就是球迷眼中的魔鬼。

  然而，无论什么样的谴责，最终似乎都无法质变为对苏亚雷斯彻彻底底的厌恶，因为人们渐渐发现，这才是一个真实完整的苏亚雷斯，他职业生涯里的是是非非，成为了外界为他勾画正反两面的原素材。其实，他一直是他，从始至终都不曾改变。

  莎士比亚曾说，一千个人眼中有一千个哈姆雷特，但如果我们暂且放下心中长短不一的道德标尺，也许就能看到那个真实的苏亚雷斯，只是不同的人愿意捕捉苏亚雷斯不同的面孔。因此，在镜头追踪下的足球场，苏亚雷斯一直在演绎着一幕幕天使与魔鬼的剧情。

  天使与魔鬼共存的苏亚雷斯，在世界杯的舞台上展现得尤为明显。南非世界杯，苏亚雷斯在1/8决赛中包揽两粒进球，将乌拉圭带进八强。1/4决赛，苏亚雷斯更是用一种另类的方式拯救了球队，加时赛最后时刻，他用一个排球动作挡出了加纳人势在必进之球。一张红牌毫无争议，但这也保留住了乌拉圭最后的生还希望。重压之下，吉安罚丢制胜点球，在球员通道口驻足的苏亚雷斯振臂高呼，一分钟之内，他从罪臣之躯翻身变为民族英雄。从那时起，人们感知到了苏亚雷斯身上不安分的一面，而大众对于公众人物负面消息无限放大的习惯，也让他渐渐被附上了恶人的标签。

  这种双面性在四年后更是登峰造极。2014年巴西世界杯，苏亚雷斯上演了"咬人"帽子戏法，继埃因霍温的巴卡尔和切尔西的伊万诺维奇之后，

▲ 2010年世界杯1/4决赛,苏亚雷斯在加时赛的最后时刻,用一个排球动作挡住了加纳势在必进之球。

▽ 2014年世界杯小组赛乌拉圭同意大利的生死之战,苏亚雷斯在抢位时张口咬向对方后卫基耶利尼的肩膀。尽管逃过了当值主裁判的眼睛,但苏亚雷斯事后遭到了国际足联的禁赛追罚。

意大利后卫基耶利尼也成为了苏亚雷斯的牺牲品。人们记住了"苏牙"张开的血盆大口，怀着或鄙夷或嘲讽的态度将他和"吸血鬼"这类字眼联系在一起，指责他的不冷静不仅让自己付出了沉重的禁赛代价，更直接拖累了乌拉圭队在世界杯上前进的脚步。

但人们此时似乎选择性失忆，因为就在世界杯开始前两周，苏亚雷斯还躺在手术台上进行膝盖手术。乌拉圭出线形势岌岌可危，苏亚雷斯带着未愈的伤疤出战，对阵英格兰，他用两粒进球拯救球队。进球后的苏牙紧紧拥抱为他疗伤的老队医，那一刻的感动超越了伤痛，而这时距离他走下手术台仅仅过去了 28 天，这是何等的毅力。勇者奇迹，同样是苏亚雷斯留在世界杯上的经典故事。

其实，如果追根溯源，天使与魔鬼都是同出一门。像很多南美球员一样，苏亚雷斯生于贫民窟中，带着这种出身背景，他没有过多的选择，要么选择踢球，用双脚打出一片天下，扬名四海；要么就安于现状，穷困潦倒，惶惶不可终日。苏亚雷斯从小就明白，不去拼，就掌握不了自己的命运。而就算上天赐予你异乎常人的天赋作为去拼搏的资本，如果不加珍惜，任凭自己挥霍无度，依旧会沦为等闲之辈。如果不信，看一下阿德里亚诺的境遇就全都明白了。

所以，从苏亚雷斯选择足球的那一刻开始，他就丝毫没有放松过对自己的要求，这一点让他有别于其他的南美球员。初登欧洲效力格罗宁根时期，他的主教练这样评价苏亚雷斯："他的自律让我有些吃惊，训练课从不迟到，我能看出来，每一次练习他都会竭尽全力。"就是这样的自律，让苏亚雷斯只用了一年时间就从格罗宁根走向了阿姆斯特丹。

在阿贾克斯这座球星加工厂，苏亚雷斯无疑是当时的明星产品。2009/2010 赛季，带上队长袖标的苏亚雷斯在 48 场比赛中疯狂打进 49 球，这是一个无法不让人动心的数据。2010 年夏天，除南非世界杯外，苏亚雷斯争夺战似乎成了欧洲足坛关注最多的话题。从圣西罗、斯坦福桥、伯纳乌发出的邀请纷至沓来，最终胜出的却是暗度陈仓的安菲尔德。

英超的繁盛同时催生了英国足球媒体的发达，在好事的英国记者大肆

△ 2010/2011 赛季欧冠联赛小组赛,阿贾克斯主场迎战欧塞尔,苏亚雷斯攻入一球,帮助球队 2 比 1 取胜。

▽ 2014 年 3 月 30 日,利物浦主场 4 比 0 狂胜托特纳姆热刺,苏亚雷斯进球后激情滑跪庆祝。

渲染下，咬人、假摔、种族歧视这一系列事件给苏亚雷斯扣上了"坏小子"的帽子，即便他做得再出色，人们也会翻出他曾经的斑斑劣迹指指点点。

既然骂名无法抹去，那就将它甩进身后的阴影，迎着阳光继续策马前行。其实，翻阅苏亚雷斯的履历，你也许会给他多一分理解，他竭尽全力付出的要远多于他得到的。如果你指责他在英超频繁制造事端，也请不要忽视他在三年半内为利物浦留下了 78 粒进球的数据。

在红军迎来黎明前的那段黑暗日子，他曾经肩扛着这支今非昔比的没落豪门，不断在迷途中寻找丢失多年的王冠。2013/2014 赛季，他几乎感受到了王冠上那颗宝石的温度，却最终目送它成为别人荣誉室里的收藏。在痛失英超冠军的那一刻，苏亚雷斯哭得像个孩子，这时很多人才发现，真情流露的苏亚雷斯是如此透明，如此真实，以至于有那么一瞬间，没人再愿去苛责那些恩怨旧事了。

这个让人爱恨交织的苏亚雷斯，在巴西世界杯后来到了巴塞罗那，他将这里视为他的归宿。而诺坎普的氛围也融化了他的顽劣，还原了一个更加职业的苏亚雷斯。身披红蓝战袍至今，这是苏亚雷斯职业生涯最美好的一段时光。他不再是一个人穿越敌阵杀进杀出，"MSN"的威名不仅没有削弱苏亚雷斯的存在感，反而让他在欧洲赛场愈加风生水起。即便后来内马尔离开，苏亚雷斯依然保持了很高的进球率。

在西班牙，苏亚雷斯享有与 C 罗、梅西并肩的赞誉，虽然没有机会与上述两尊天王争夺金球殊荣，但是，他已经赢得了一生所求的欧冠金杯荣耀。尽管一场 2 比 8 改变了一切，让苏亚雷斯不再被亟待重建的巴萨需要，但这丝毫不影响他在巴萨的地位，队史第三射手的数据不会说谎。

在去留之间进行艰难抉择之后，苏亚雷斯最终选择了转投马德里竞技。告别巴萨的发布会上，苏亚雷斯几度哽咽落泪，6 年红蓝时光，他在巴萨度过了一段无与伦比的岁月，也同梅西等队友结下了深厚情谊。一位为巴萨倾其所有的功勋，本该得到俱乐部更多的尊重。从巴塞罗那来到马德里，苏亚雷斯用一个惊艳首秀开启了全新旅程，他要证明巴萨做出的是一个错误决定，他立誓要为马竞带来冠军。

也许，不期而至的变故可以让一个人尽快成熟，从而渐渐剥去不堪的茧蛹，就像一个在巅峰获得重生的苏亚雷斯，当他直面过往的那些不齿、惩戒和奚落，会更加珍惜当下，去享受专注于足球的那份满足感，这或许就是我们理想中希望看到的那个双面神锋。

∧ 2020年9月27日，苏亚雷斯在主场同格拉纳达队的比赛中迎来了自己的马竞首秀，他替补出场只踢了20分钟，便奉献了两粒进球和一次助攻，表现堪称完美。

< 2014/2015赛季欧冠决赛，在双方1比1僵持不下之时，苏亚雷斯攻入一球使得巴萨再次超出比分，并最终3比1击败尤文图斯。夺冠之后，"MSN组合"共同举杯庆祝。

鲁尼
天生我才

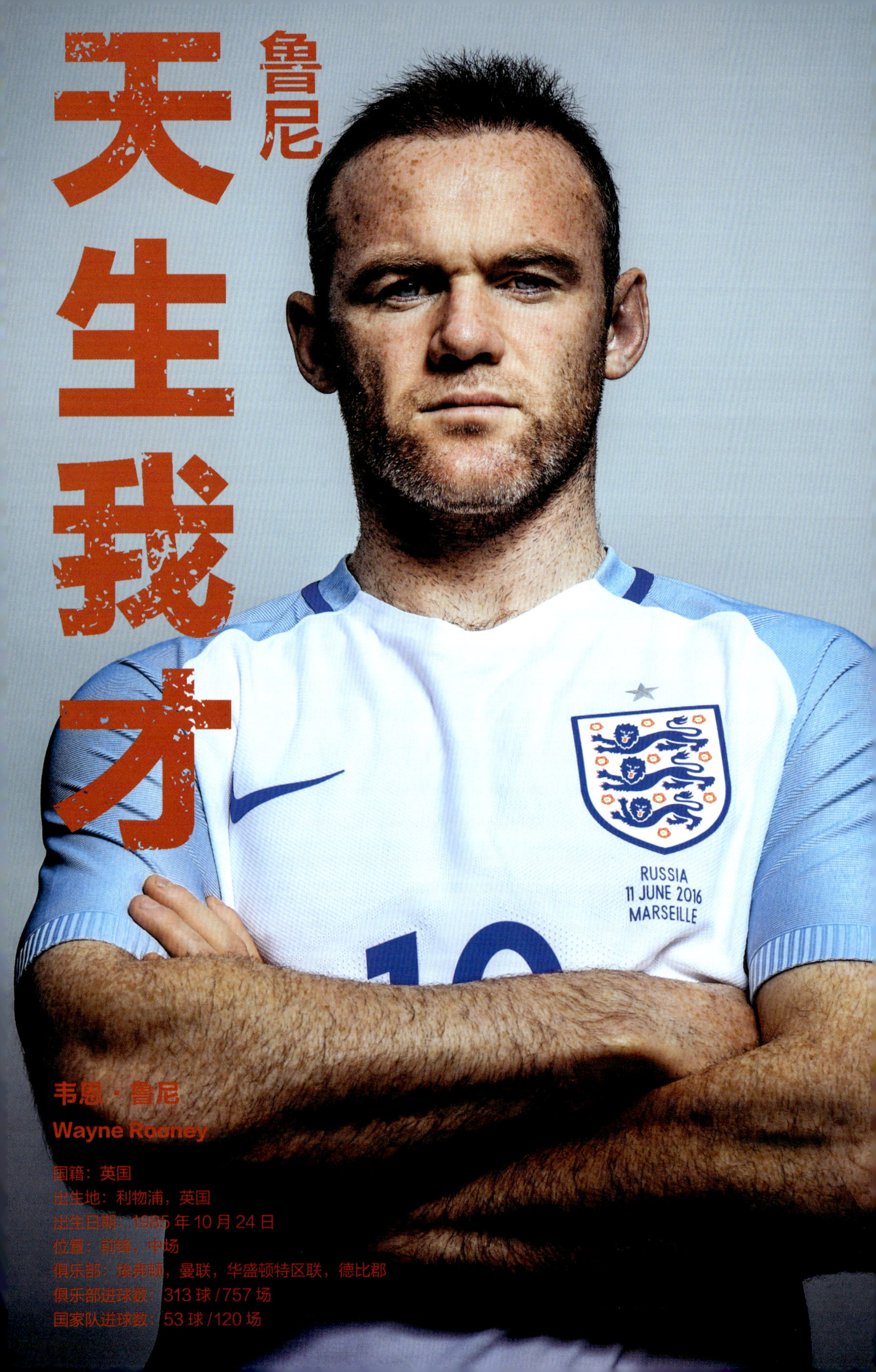

韦恩·鲁尼
Wayne Rooney

国籍：英国
出生地：利物浦，英国
出生日期：1985年10月24日
位置：前锋，中场
俱乐部：埃弗顿，曼联，华盛顿特区联，德比郡
俱乐部进球数：313球/757场
国家队进球数：53球/120场

总有一首歌，能让你想起他

>>>

歌名：Never Say Never
歌手：The Fray

  2002年10月19日，古迪逊公园球场。埃弗顿与阿森纳的比赛进入到最后一分钟，只见身披埃弗顿18号战袍的小将，在距球门30米处一记石破天惊的远射，攻破了阿森纳门将希曼的十指关，古迪逊公园瞬间沸腾。那一脚，令埃弗顿终场绝杀，2比1拿下阿森纳；那一脚，在当时创造了英超成立以来的最年轻进球者纪录。纪录的拥有者——韦恩·鲁尼，这个横空出世的小将，将自己的名字写进了英超历史。那一天，距离鲁尼17岁的生日还差5天。

  2011年2月12日，老特拉福德球场。曼彻斯特德比激战正酣，第78分钟，曼联右路传中，禁区内一个身影快速闪过，只见他腾空而起，倒挂金钩，皮球似流星一般穿破曼城门将乔·哈特的城池。又是一个2比1，鲁尼在曼市德比中完成绝杀。这一脚，被弗格森爵士描述为在老特拉福德见过的最精彩一球；这一脚，被官方评定为英超20年历史最佳进球。

  两个无与伦比的进球，穿越9年，两个2比1，两代英格兰国门相继成为背景，记录着鲁尼职业生涯最闪光的两个瞬间。曾经被英格兰足球寄予厚望的金童，他可能并没有达到大多数英格兰人期望的高度，但随着一项又一项的冠军进账，一个又一个的纪录在他的脚下成为历史，鲁尼的职业生涯绝非平凡。这个曾经承载着英格兰足球复兴希望的少年，也绝对是英格兰足球近15年中最闪亮的那一颗星。

  2004年夏天，18岁的鲁尼初登国际赛场，在葡萄牙欧洲杯的硝烟中成长，他头顶脚踢连入4球，帮助英格兰队杀入八强。像几年前的贝克汉姆、欧文一样，鲁尼开始被赋予金童的称谓，他的职业生涯刚刚起步，便有着非一般的起点。无论是长相还是球技，鲁尼均堪称少年老成，所有的迹象表明，这个少年将在未来很长的一段时间内，引领英格兰足球的风云变幻。

∧ 2004年欧洲杯小组赛，英格兰3比0完胜瑞士，首登国际大赛舞台的鲁尼独中两元，这是他攻入第一球之后与贝克汉姆共同庆祝。

< 2002年10月19日，鲁尼在比赛最后时刻奉献惊天远射，帮助埃弗顿在主场2比1力擒阿森纳，距自己17岁生日还差5天的鲁尼一球成名。

∨ 2011年2月12日，曼彻斯特德比在老特拉福德球场上演，鲁尼倒挂金钩完成绝杀，此球被官方评为英超20年最佳进球。

转会曼联，鲁尼走出了自己职业生涯最重要的一步，他同样拥有一个光辉的起点。在处子秀中，他大演帽子戏法，曼联6比2狂扫费内巴切。当时，以鲁尼和C罗领衔的青年才俊构筑起了弗格森红色帝国的第二代王朝。他和C罗同年出生，在当时的英超赛场号称"双子星"，但是在2006年世界杯的赛场上，却发生了让人始料未及的一幕。

英葡大战，鲁尼放倒卡瓦略，C罗上前向裁判施压，强令裁判罚下鲁尼。在鲁尼吃到红牌后，"得逞"的C罗对着场下的葡萄牙教练席挤了挤眼睛，鲁尼和C罗甚至在场上互相推搡起来。这张红牌断送了三狮军团继续前进的希望，C罗成为了英格兰的全民公敌，很多人就此断言，他不会再回曼联，弗格森辛苦打造的梦幻双子星面临分崩离析。

然而世界杯归来之后，2006/2007赛季英超首轮，两人便联手打破了不和之说。鲁尼助攻，C罗进球，双子星重新拥抱在一起，弗格森在场边开怀大笑。在经历了三年无冠的低谷之后，弗格森苦心经营的第二代红魔正在向着冠军挺进。三连冠如期到来！2007至2009年，曼联时隔三年重新夺回联赛冠军，并且完成了又一次三连冠。2007/2008赛季，他们时隔九年再次站在了欧洲之巅。鲁尼在自己的荣誉册上添上了光辉一笔。

然而在个人荣誉方面，鲁尼却远逊于几乎同时出道、同时发展的C罗。那时的C罗已成欧洲金球奖得主，也获得了2008年的世界足球先生，这两项世界足坛最高的个人荣誉，标志着C罗从此一飞冲天。相比之下，尽管鲁尼抢传射样样皆精，每个赛季也都能保持20个左右的进球数据，但他仍然只被看做是C罗身边的绿叶，距离曼联头牌的位置还有很大的差距。直到C罗远走皇家马德里，鲁尼才渐渐坐上了曼联的头把交椅。在之后的三个赛季中，他两次创造自己的赛季新高，进球数达到34个，英超最佳球员的奖项也被他收入囊中。

但在那些年，经历了转会和加薪的风波之后，鲁尼在曼联球迷的眼中一度被视为叛徒。而作为速度型球员，当年龄逼近30岁，竞技状态下滑的规律也不可避免地出现在他身上。

∧ 2006年世界杯1/4决赛，鲁尼脚踩葡萄牙队的卡瓦略，在包括C罗在内的众多葡萄牙球员的施压下，主裁判将鲁尼红牌罚下，这也使得C罗成为了英格兰球迷的"眼中钉"。

∨ 2008年5月21日，莫斯科的雨夜，曼联经过惊心动魄的点球大战击败切尔西夺得欧冠，鲁尼举杯纵情欢庆。

背着30万周薪的重压，鲁尼需要重新赢得教练的尊重和球迷的认可，为此他花了将近3年时间。直到2014年，鲁尼先后成为了曼联和英格兰队的双料队长，醒目的袖标让他必须拥有更多的担当。这位曾经的金童，从出道开始便肩负千斤重担，他也曾经不堪重负，在世人的期待中渐失锋芒。他的火爆脾气，更一度被认为是阻碍他个人发展的最大顽疾。但是，如今的鲁尼已经平和了许多，他不再争斗，不再计较，场上位置的不断后撤也让他必须拥有更好的大局观。

这些年，在红魔和三狮军团双双陷入不利境地的时刻，鲁尼希望能够带领球队东山再起。他以队长的身份刷新着一项又一项纪录，2015年9月，鲁尼超越博比·查尔顿成为英格兰队史第一射手。2017年1月，他同样是超越查尔顿爵士，成为曼联队史第一射手。

当然，仅有这些纪录是不够的，查尔顿带领英格兰队勇夺世界杯的那一幕，是鲁尼永远无法企及的成就。三狮军团大赛成绩不进反退，鲁尼再也没有表现出2004年的那种意气风发，英格兰足球的金童就这样在国际赛场上饱受质疑。2017年8月，队长鲁尼正式告别国家队。三狮军团的臂章上，写满了代代英格兰人为之奋斗的往事，他们大多踌躇满志，却又壮志未酬，鲁尼身在其中，却也身不由己，他的国家队生涯没能拥有一个最好的归宿。

就在褪下三狮军团球衣的同时，鲁尼也脱去了曼联红色的战袍。从18岁到31岁，相伴13载，终有告别时。13年，曼联锋线人来人往，只有鲁尼始终不曾离开，他在梦剧场的红色使命早已让他的名字成为了这座球场、这座城市的图腾。

好在，接踵而至的是一个重回故里的温暖故事。出走半生，归来仍是少年，回到埃弗顿，这里的人们等来了他的归期。在一球成名的地方，鲁尼与自己的青春重逢。回家一年之后，鲁尼又远赴华盛顿特区联队征战一个半赛季。2020年初，他选择以德比郡球员兼教练的身份再战英伦，角色的悄然变化似乎表明鲁尼已在为自己的未来做着规划。

时光如今已一带而过，轻描淡写般拥有了别样的风采。他曾是惊艳整个英格兰足坛的少年天才，即使如今已不再拥有那金色的时代，即使他一度受到过质疑，但他留下的那一连串的数字，清晰地记录着他走过的是怎样一段光辉旅程。

三狮军团历史最佳射手，红魔历史最佳射手，超越传奇，成为传奇，16座冠军奖杯，英超20年最佳进球……他所拥有的无法磨灭的成就，足以配得上所有的掌声。

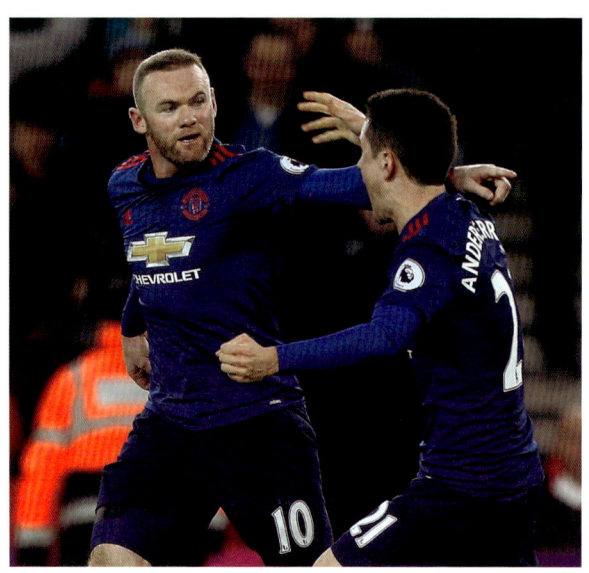

▲ 2017年1月21日，在客场同斯托克城队的比赛中，鲁尼在伤停补时第4分钟攻入一记精彩绝伦的任意球，帮助曼联1比1惊险战平对手。这是鲁尼各项赛事为曼联攻入的第250球，从而超越传奇博比·查尔顿爵士，成为红魔队史第一射手。

▶ 2015年9月8日，在同瑞士队的欧洲杯预选赛中，鲁尼点球破门，攻入自己在英格兰国家队的第50球，从而超越博比·查尔顿，成为三狮军团历史第一射手。

总有一首歌，能让你想起他

>>>

歌名：Remember You Young
歌手：Thomas Rhett

　　他就是那个被时势选择出的人，理由无比充分：一个出生在阿尔卑斯山脚下土生土长的巴伐利亚男孩；一个长着一张标志性坚毅面孔的日耳曼男人；一个技战术能力出众的来自拜仁慕尼黑的球员；一个在低谷中不会妥协又点燃希望的德国足球运动员。这是他的特质，这也是几十年来德国足球始终拥有的标签和符号。在卡恩和巴拉克不得不离开意志战车座驾的时候，人们选择他去成为下一任铁血队长。这是使命，更是传统。

　　但是他让很多人失望了，他说他不想成为领袖。他不是卡恩，不是巴拉克，不是马特乌斯，不是贝肯鲍尔，他只是巴斯蒂安·施魏因施泰格，一个快乐地、活泼地、甚至玩世不恭地享受着足球的大男孩。

▲ 2014年7月15日，刚刚夺得世界杯冠军的德国将士载誉而归，他们在柏林著名的勃兰登堡门前与球迷们分享荣耀。施魏因施泰格金杯在握，接受球迷的顶礼膜拜。

︿ 2006 年世界杯 1/8 决赛，德国 2 比 0 击败瑞典晋级八强。赛后，施魏因施泰格与包揽两粒进球的波多尔斯基共同庆祝，两位好友共同演绎了那个夏天的童话。

﹀ 2008 年欧洲杯 1/4 决赛，施魏因施泰格首开纪录，德国队最终 3 比 2 击败葡萄牙闯入四强。

但是他又让人们惊喜了，他在不经意间向着那个标签和符号靠近。他还是成为了领袖。

他猜错了结局。这真的是最好的结局。

时势造就了施魏因施泰格，那始于诞生希腊神话的 2004 年，那是德国国家队的最低谷，卡恩和巴拉克终于无力推动战车，小组赛一场未胜的德国队早早地从欧洲杯赛场打道回府。施魏因施泰格初出茅庐的时日，他是老迈战车里难得的新型炮弹，未满弱冠之年，他有青春，但意志战车还刮不起青春风暴。

这也是被德国足球人称为卧薪尝胆的时日，就在他们为持续低迷做好准备的时候，2006 年却像童话般来到。尽管此时的巴拉克、弗林斯、施耐德、克洛泽已没有勇气说"我们要在本土夺冠"，尽管永远坚毅的克林斯曼在主教练的岗位上再也难言不败，尽管"狮王"卡恩的退位让人难免感叹英雄已无用武之地，但德国人还是以力量美学的画风打入了世界杯四强。

施魏因施泰格，这个长长的名字，好像还是第一次让人们感到如此拗口。他在小组赛中贡献了三粒助攻，然后在属于卡恩的荣誉之战上，他的三脚大力射门就像童话一样神奇。

小猪成为了那个夏日童话里的主角，他留着莫西干发型，和波多尔斯基并称德国双子星。在那部著名的纪录片《一个夏天的童话》中，他们住在同一个房间里，在德国总理默克尔到访时，一起对着摄像机喊"减税，减税"，一起嬉笑恶搞，他们在赛场上拉着手，这场起源于德国足球低谷的友谊，在渐入佳境后伴随而来的是德国足球的真正高峰。这是属于巴斯蒂和波尔蒂独有的幸运，更是德国队的幸事。战车日后再难经历这样艰难的岁月，它仿佛是一个拐点，他们找回了自信。

在这样一支球队当中，任你再玩世不恭、天马行空，总无法逃避坚韧、刚毅、热血、激昂在你身上留下的痕迹，传统的烙印悄悄流入血液，你说自己无法企及前辈的荣耀，但不自觉间，你还是成为了和他们一样的人。

2008 年欧洲杯小组赛，施魏因施泰格倒在了自己冲动的红牌下，继 1998 年世界杯后，德国队又一次不敌克罗地亚。但在复出后的首场比赛

∧ 2014年世界杯决赛,施魏因施泰格在争抢中被阿根廷队的阿圭罗挥手击中,面部鲜血直流,但他经过治疗后重新投入比赛。

∨ 夺得大力神杯之后,施魏因施泰格率全队队员来到德国球迷的看台前,与球迷互动庆祝。

里，他就用一粒进球和两次助攻完成救赎，在 1/4 决赛淘汰葡萄牙。巴塞尔的雨夜里，表现最出色的球员来不及谈及胜利，他说他最大的愿望就是与格子军团再战沙场。

也许从这个时刻起，他就成为了那个被选择的人。人们根本无暇为巴拉克的离去伤怀，因为属于德国人的青春风暴瞬间席卷全球。自省的精神让德国足球快速收获了青少年发展计划的成果，克罗斯、穆勒、诺伊尔几乎在同一时间惊艳了世界。他们是远比卡恩和巴拉克幸运的一代，他们甚至是比小猪、拉姆、波多尔斯基幸运的一代。德国人终于可以再次骄傲地宣称：我们为冠军而来！

从什么时候起，施魏因施泰格卸去了自己身上的最后一丝孩子气？他依然爱笑，爱与队友嬉闹，但当他严肃地告诉所有人，他要舍弃"小猪"的外号，原因是他已经长大，他的眼中闪现出了从未有过的坚毅光芒。以 26 岁的年纪，他已经是德国队中经验最丰富的球员，已从一名边锋被打造成一位稳固的后腰，最年轻的德国队拥有了世界上最强大的中场。

在那个历史性时刻来临前的赛季里，施魏因施泰格已经 99 天没有出现在赛场上。两年来，脚踝和膝盖的伤势成为了他的软肋。从替补回归主力的艰辛没有人比他更能体会，但他的每一点努力都鼓舞着身边每一位队友。他错过了巴西世界杯的首场小组赛，在第二场小组赛中只替补出场了 20 分钟，但当淘汰赛来临，他终于重回首发阵容。

同阿尔及利亚的 1/8 决赛，施魏因施泰格拼到抽筋，直到加时赛才被替换下场。马拉卡纳的决赛场，鲜血覆盖了他的半张脸。意志战车从不缺乏勇士，但此时此刻，他就是这块战场上最无畏的勇士。即使不是一名球迷，你也能分辨出谁是这座球场里最想获胜的人，即使是一名中立球迷，你也能在这个时刻预测到结局。胜利只会属于意志最坚定的人。

胜利在那一天选择了全场跑动 15000 米的勇士巴斯蒂；金杯在那一天选择了兼任进攻和防守重任的勇士巴斯蒂；历史在那一天选择了用意志和意识带领德国队登上顶峰的勇士巴斯蒂。

他认定自己无法成为领袖。他贪玩、恶搞，与传统意义上的德国领袖

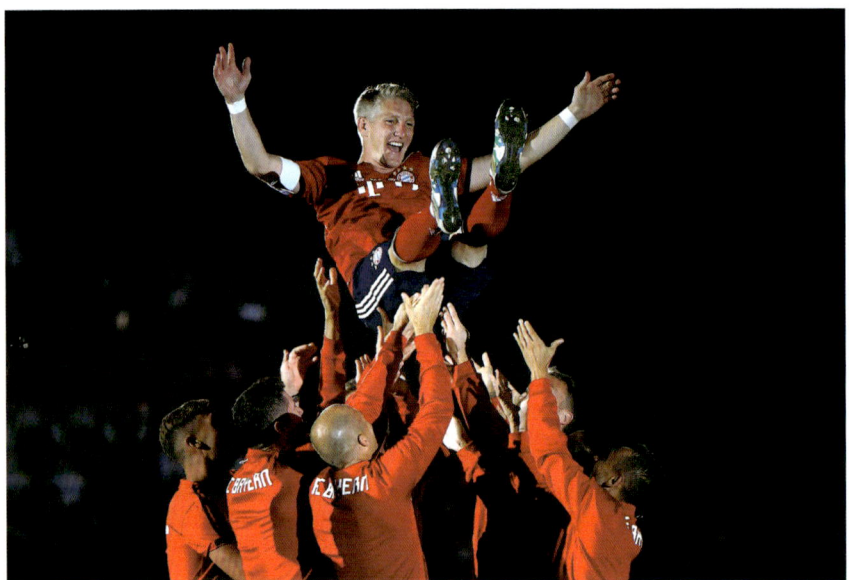

∧ 2012/2013赛季，拜仁慕尼黑4年内3进欧冠决赛，并在决赛中2比1力克多特蒙德夺冠，施魏因施泰格终于拿到了自己职业生涯的第一个欧冠冠军。

∨ 2018年8月28日，拜仁慕尼黑俱乐部为施魏因施泰格举行拜仁生涯告别赛。这是一场迟到了3年的比赛，在安联球场，小猪的新老东家芝加哥火焰同拜仁交手，赛后，他被队友们高高抛起，接受最高致敬。

性格迥异；他脆弱、腼腆，即使见过所有大场面，依然不敢去直面残酷的点球大战；他不会遮掩泪水，不管是失败的还是胜利的宣泄；他不愿掩藏情绪，不论是紧张的还是愉悦的流露；他不会在所有时刻都表现得无所畏惧；他真的不像他的前辈们那样，仿佛一个人就能阻挡千军万马。

但是，他完成了前辈们渴求已久的夙愿：拜仁慕尼黑史无前例的三冠王、德意志缺失 24 年之久的大力神杯。他不是凭借自己，而是带领一个团队去达成所愿。施魏因施泰格也许不是最好的球员，但他引领着一支最强大的军团，他用自己的行动感化着这支铁血之师。

2015 年 5 月，拜仁完成德甲三连冠后，小猪决定离家远行。在曼彻斯特，在芝加哥，红色的 31 号球衣上还是那个熟悉的名字，但无论是英伦三岛的海风还是美利坚的骄阳，都无法让施魏因施泰格找回最好的自己。对小猪来说，重披拜仁的红色战袍才是他最向往的事情。

离家三年后，小猪终于旧梦重温，拜仁慕尼黑俱乐部为他举行了一场拜仁生涯的告别赛。这是一场迟到了 3 年的比赛，安联球场的星光里，他是球员，是巨星，是英雄，是传奇，是慕尼黑永远的孩子。这一晚，嘹亮的拜仁队歌就是小猪回家的深情号角，只为他一人唱响。所有人都会记住这一晚舞动旗帜的 31 号背影，记住聚光灯下执旗前行的施魏因施泰格，他与慕尼黑的故事未了，他与拜仁的情缘未尽。

了却最大心愿之后，小猪在第二年给自己的职业生涯画上了句号。17 年的时间，足球让他收获了激情、友情和爱情，他把最好的自己留给了慕尼黑，成为了南部之星的足球上帝，他把满腔的热血留给了德国队，兑现了日耳曼战车的壮志雄心。在选择离开的时刻，他终于完成了这场没有遗憾的修行。

韦斯利·斯内德
Wesley Sneijder

国籍：荷兰
出生地：乌得勒支，荷兰
出生日期：1984年6月9日
位置：中场
俱乐部：阿贾克斯，皇家马德里，国际米兰，加拉塔萨雷，尼斯，加拉法
俱乐部进球数：155球/574场
国家队进球数：31球/134场

总有一首歌，能让你想起他

>>>

歌名：Remember Who I Was
歌手：James Arthur

如果2010年南非世界杯的冠军是荷兰而非西班牙，那么毫无疑问，那一年，会是名副其实的"斯内德年"。那一年的斯内德，几乎就是足球世界最好的"芯片"，他的足球智慧高速运转，与防守反击的足球体系完美兼容。攻防转换之中，他是那个可以用传球一击致命的中场大师，也是那个可以用进球摧城拔寨的影子杀手；他是荷兰足球的橙色心脏，也是蓝黑军团的绝对真核。

只是，这个世界没有如果。人们说，那一年，世界欠斯内德一座金球。

让时光回到2010年7月11日的约翰内斯堡足球城。那一天，全世界都看到了斯内德的眼泪，都看到了斯内德忧伤的侧影，他久久地呆坐在草皮上，任旁人安慰，依旧沉浸在自己的悲伤世界。

与西班牙的世界杯决赛，或许是他职业生涯迄今为止最重要的一场比赛。他的对面，是斗牛士双核哈维与伊涅斯塔，这是一场足球世界的瑜亮之争。最终，双核战胜了单核，斗牛士摧毁了郁金香，直到现在，斯内德也不愿意提起那个忧伤的侧影。当你倾其所有时，梦想若灰飞烟灭，人自然也心如死灰，他输掉了与双核的战争，他的祖国依然是"无冕之王"。

不过，单就个人表现来说，作为一名经典10号，南非大陆上的斯内德几乎是最好的斯内德。那届杯赛，他一人独进5球，同荣膺金靴的托马斯·穆勒进球数持平，他一人挑起了荷兰队组织进攻与攻城略地的大梁。面对日本武士，他力拔千钧，雷霆远射，气吞山河；面对桑巴军团，他出奇制胜，头槌破门，绝杀巴西；面对乌拉圭，他从容破门，力挽狂澜，挺进决赛。他带着蓝黑军团三冠王的光环而来，而那个光环也在一直闪耀，只是在斗牛士面前，突然变得黯淡无光，橙色心脏无奈地停止了跳动。

橙色真核在南非铩羽而归，并不影响恩师穆里尼奥对他的爱。穆帅

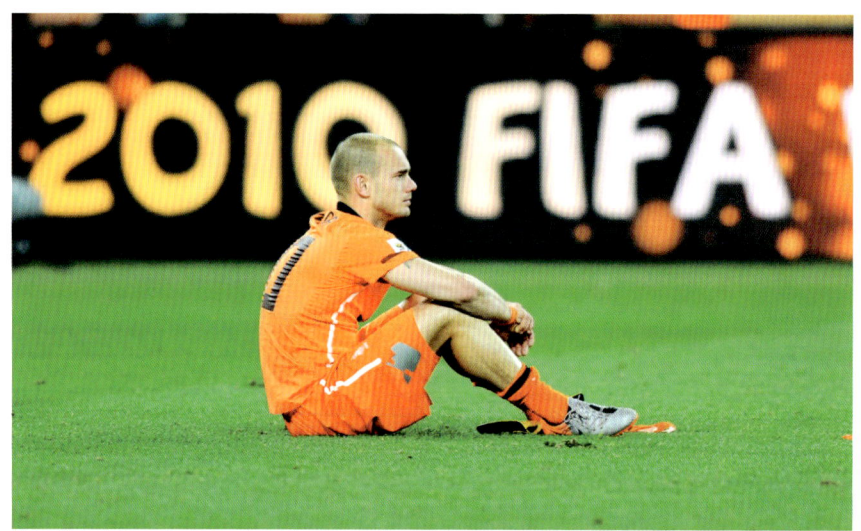

△ 2010年世界杯决赛，荷兰再次与冠军无缘，赛后，斯内德久久地呆坐在草皮上，沉浸在自己的悲伤世界里。

说，对于他而言，斯内德就是世界第一中场，当之无愧的金球奖获得者。这并不是师徒情深下一味的偏袒与守护，而是因为那一年创建国际米兰王朝，斯内德居功至伟，一个三冠王是那一年他巅峰的缩影。

但在三冠王之前，斯内德只是一个伯纳乌弃儿，在二进宫的弗洛伦蒂诺主席眼中，斯内德的星光与银河战舰并不匹配，西班牙人直截了当地告诉斯内德，伯纳乌不再有他的位置。那个昔日在阿贾克斯被奉为上帝的天才中场，那个曾经在伯纳乌叱咤风云的天才10号，就这样被扫地出门。斯内德被"贱卖"到了国际米兰，落魄之际，是穆里尼奥收留了他。

虽然，穆里尼奥并非挖掘斯内德的伯乐，但是我们必须得承认，斯内德这匹千里马是在穆帅手下开始策马奔腾，颠覆欧洲。穆里尼奥对斯内德可谓绝对信任，他是那支三冠王国际米兰的超级大脑。穆帅说，球队信任他，他信任斯内德，所以球队信任斯内德。

斯内德在那一年几乎无所不能，攻防俱佳，他的传球总能在第一时间

△ 2007年9月2日，皇家马德里客场5比0大胜比利亚雷亚尔，斯内德独中两元。

找到锋线队友，在球队破门无望时，他又能用外围发炮打开局面。面对基辅迪纳摩，他绝杀对手，打进蓝黑生涯处子球，如果没有这个进球，三冠王早已梦碎；面对锡耶纳，他任意球梅开二度，穆帅8年主场不败的神奇纪录得以延续；面对巴塞罗那，他传射建功，帮助穆帅拿下那场复仇之战的胜利。欧冠巅峰最后一站——一个对斯内德来说无比熟悉的地方。

那一年的欧冠决赛，斯内德带领球队杀回了伯纳乌。当初，荷兰人远走意大利，很多人说，终有一天弗洛伦蒂诺会为这个愚蠢的决定而后悔，但谁都没有想到，这个反戈一击来得如此之快。

在伯纳乌进行的欧冠决赛，没有来自伯纳乌的球队，却有一位来自伯纳乌的弃儿，这是何等的讽刺。而且，正是这个来自伯纳乌的弃儿，为迭戈·米利托奉上了助攻，后者梅开二度，国际米兰三冠功成。一年前，他被这里抛弃，一年后，他在这里证明了自己。此时的皇马人，百感交集，悔不当初。

△ 2009年8月29日，国际米兰在同城德比大战中4比0狂胜AC米兰，斯内德同主教练穆里尼奥相拥庆祝。

▽ 2009/2010赛季欧冠决赛，在将自己扫地出门的伯纳乌，斯内德率领国际米兰2比0战胜拜仁慕尼黑夺冠，实现了别样的反戈一击。

但是，最好的斯内德或许只属于2010年。流星的绚烂与坠落，只在一瞬间，斯内德的足球轨迹便像极了流星。从"准金球"走下神坛，斯内德的下滑轨迹让人不胜唏嘘。有人说，2010年之后的斯内德像一幅褪色的油画，没有岁月的风化与侵蚀，却褪去了迷人的色彩和光华。后来，他离开了国际米兰，先后辗转土耳其、法国和卡塔尔。

世界第一中场的名号或许早已不属于这个昔日的中场大师，但在橙衣军团，斯内德依然是那颗永远不停跳动的橙色心脏。2014年巴西世界杯，他率领球队以一个干净利落的5比1复仇西班牙，痛失金杯的遗憾终于在四年后稍稍得以释怀。

即便荷兰足球因连续无缘2016年欧洲杯和2018年世界杯而身处泥潭，斯内德依然站在球队的最前端领兵列阵，直到他身边的年轻一代生长出足够强壮的骨

▲ 2014年世界杯1/8决赛，斯内德终场前两分钟劲射破网，帮助濒临被淘汰边缘的荷兰队扳平比分。之后在伤停补时阶段，亨特拉尔罚中点球，荷兰2比1逆转墨西哥。

▲ 被中国球迷戏称为"荷兰三棍客"的罗本、范佩西和斯内德，他们一起引领荷兰足球从寒冬走向盛夏，又从盛夏走向悲秋，在属于昨日少年的风霜里，把青春燃尽成灰，将理想幻化成歌。

骸，他才转身悄悄离开。这就是斯内德在告别的一刻交付给时间的赤诚，也是他和罗本、范佩西们在无言的默契里始终坚守的无悔橙心。这是属于一代人的奋斗故事，他们一起引领荷兰足球从寒冬走向盛夏，他们一起陪伴荷兰足球从盛夏走向悲秋，在属于昨日少年的风霜里，把青春燃尽成灰，将理想幻化成歌。

斯内德是传统的古典10号，是这个时代的"稀有物种"，尽管他无法像桑巴精灵那样在邮票上起舞，无法像高卢英雄那样成为艺术足球的肖像，也无法像西班牙双核那样金杯环绕，但他却是橙衣军团永远的橙色心脏。当球队四面楚歌，他会用他的足球让橙色的脉搏跳动不息。

他曾经被人认为是一幅褪色的油画，但那些人没有看到，画作上的那抹橙色，一直从未褪去，而且永远也不会褪去。

大师简成 伊涅斯塔

安德雷斯·伊涅斯塔
Andres Iniesta

国籍：西班牙
出生地：阿尔巴塞特，西班牙
出生日期：1984 年 5 月 11 日
位置：中场
俱乐部：巴塞罗那，神户胜利船
俱乐部进球数：57 球 /725 场
国家队进球数：13 球 /131 场

总有一首歌，能让你想起他

>>>

歌名：Yo Te Amo
歌手：Chayanne

　　在拉玛西亚青训营，有这样一张照片，它激励着来到这里的孩子，努力实现足球梦想。照片中有两个人物，一个是巴萨球员瓜迪奥拉，另一个是青训营的少年。据那名孩子后来回忆，当时两人的对话大致是这样的：

　　"您好，瓜迪奥拉先生。您是我的偶像，见到您我太激动了。"

　　"你好，孩子，放轻松点，你也会在这里取得成功的。你叫什么名字？"

　　"您问我？我叫安德烈斯·伊涅斯塔。"

　　我们大可把这一幕看作一段故事的开始，20余年的时间，它从无到有，从平淡无奇到曲折振奋，故事主人公也从默默无闻到名满天下，直到现在，仍在演绎着艺术足球一段朴素的传奇。纵然他已满贯加身，身价万金，但他一直保持着一种初学者的含蓄和朴实，无论是球风，还是为人。

　　拉玛西亚是孕育足球天才的风水宝地，从这里走出的天才，在其大部分的职业生涯里都和红蓝信徒们一起，共享着诺坎普球场的泥土芬芳。对于年少的伊涅斯塔来说，这也是他心驰神往的未来场景。

　　在世纪之交的那几年，巴塞罗那在西甲的江湖地位长期被皇家马德里和巴伦西亚压制，因此，巴萨俱乐部决心在拉玛西亚完成人才储备，图谋几年后重夺盟主之尊位。老帅雷克萨奇算不上巴萨历史上的功勋名帅，但他对于年轻球员的提拔却颇有独到见地。老帅后来回忆说，当年经他之手送进巴萨的青年才俊比比皆是，其中有两个人让他至今引以为傲，一个当然是梅西，另一个就是伊涅斯塔。

　　2002年10月29日，伊涅斯塔第一次代表巴萨一线队登场亮相。一年后，小罗空降诺坎普，巴萨开启了"梦二队"时代。当时，年轻的伊涅斯塔并没有觊觎球队的主力中场之位，小罗、哈维、久利和德科组成的中场踢着全欧洲技术含量最高的足球，而这也是伊涅斯塔喜欢的比赛方式，把球控在脚下的时候，他就像拥有了全世界。

∧ 2008/2009 赛季欧冠半决赛第二回合,伊涅斯塔在伤停补时的第 3 分钟凌空破门,巴萨 1 比 1 战平切尔西,以客场进球多的优势闯入决赛。

< 2014/2015 赛季获得欧冠冠军之后,伊涅斯塔和哈维这对巴塞罗那的"双核"共同举杯合影。

不知是否有人仔细观察过，伊涅斯塔的控球柔和轻盈，盘带和传球力度拿捏得恰到好处，球随意动，意随心生。所以，伊涅斯塔的过人并没有夸张炫目的身体扭动，一个眼神，肩膀的微微摇摆就能瞬间将对手的重心晃开。他标志性的过人动作叫做"油炸丸子"，其实只是双脚轻灵地交替触球，面对对手的包夹，见缝插针，只鸟穿林。就像正在跟随琴谱节奏抚琴的乐手，情之所至，两指随性拨动琴弦，便升华了乐章的律动，用盘带谱曲，用传球写诗，那是一种至简的艺术。

　　从2002年完成处子秀，直到"梦二队"抵达巅峰，伊涅斯塔在群星闪耀的红蓝军团始终安静扮演着替补角色，从不急于求成。学习和观察能力极强的他还喜欢观摩效仿前辈的踢球方式，并从中汲取营养。当他获得上场机会时，无论是代替小罗组织进攻，还是帮助哈维梳理中场，甚至是在拖后位置上客串后腰，伊涅斯塔都能用出色的表现来展示他中场多面手的特质。

　　2007/2008赛季对于巴塞罗那难说成功，梦二王朝在那个赛季走向终点。但对于伊涅斯塔，那是他的又一个起点。久利留下的8号球衣找到了新的主人，而伊涅斯塔让这个号码在诺坎普焕发新生，最终光彩夺目。

　　跻身主力阵容的伊涅斯塔开始把控巴萨的进攻，即便强如梅西，也必须跟随伊涅斯塔的节奏来比赛。无论是西班牙国家队还是巴塞罗那，新的王朝开启，都需要一把钥匙，这把钥匙可以是瓜迪奥拉，可以是阿拉贡内斯，他们的确将传控足球的基因完美植入了各自的球队。然而，任何一种战术革新都需要合适的球员来充当理念的执行者，转动这把已经推进锁眼的钥匙。正因为如此，哈维和伊涅斯塔站到了一起，巴塞罗那和西班牙国家队的双核时代拉开大幕，两座王朝的大门也被慢慢推开。

　　哈维和伊涅斯塔的中场组合堪称世界足坛绝无仅有的一对，日本电视台曾经专门为两人制作了一档节目，试图探寻足球世界中最强大脑的奥秘。在测试中，哈维表现出了极高的信息处理能力和观察力，而伊涅斯塔在瞬间创造力和判断能力上甚至比哈维更高一筹。这种无缝对接的互补关系让球队中场被两人梳理得井井有条，少有破绽，他们之间的完美传接更是直接带来了许多经典的配合瞬间。

2010/2011 赛季在诺坎普的国家德比，就是伊涅斯塔送出手术刀般直塞，哈维心领神会前插破门，引领了巴萨 5 比 0 的狂胜。2010 年南非世界杯 1/4 决赛，两人间极富想象力的配合为比利亚制造了绝杀良机。想用语言描述两人的心有灵犀实在有些苍白无力，那是只能通过画面去感受的感官体验和精神享受。

相伴多年，两人将球场上的默契演绎到了无人可以企及的高度。在哈维告别巴塞罗那的时候，他这样安慰巴萨球迷：不用为我的离开难过，没关系，你们还有伊涅斯塔。

拥有伊涅斯塔，的确是一种幸福。对于巴萨球迷来说，这种幸福是他在斯坦福桥补时进球送巴萨进欧冠决赛的时候，是他在国家德比导演巴萨完胜赢得伯纳乌球迷掌声的时候，是他闲庭信步连过数名大巴黎球员送出精准助攻的时候，是他接替哈维戴上队长袖标每一次领兵御敌的时候……

不过，巴萨球迷的幸福在 2018 年夏天走到了尽头。伊涅斯塔同相伴 22 年的巴萨说了再见，他选择了远离欧洲加盟日本神户胜利船，因为这样不会在比赛中遇上巴塞罗那。他说，巴萨给了他一切，他永远不会与巴萨为敌。赛季最后一战，夜幕下，诺坎普八万人的送别汇成银河，伊涅斯塔的眼泪，在夜空下静静流淌。眼泪流在他的面庞，却滴落在星空之上，带着眼泪，去和这漫天星空，诉说最后的衷肠。

而对整个西班牙来说，拥有伊涅斯塔的幸福滋味早已

> 2012 年欧洲杯小组赛，西班牙同意大利强强碰撞，伊涅斯塔陷入对方的重重包围，一人单挑对方五名球员。

▲ 2010年世界杯决赛，西班牙同荷兰鏖战至第116分钟，伊涅斯塔一剑封喉实现绝杀。

◀ 西班牙足球的历史被伊涅斯塔亲手改写，而在这辉煌一页的注脚上，他也浓墨重彩地写下了自己的名字，供后人景仰。

▼ 伊涅斯塔脱掉球衣狂奔庆祝，里面的内衣上写着"哈尔克永远与我们同在"，献给已经去世的好友，这一幕感动了世界。

▲ 2018 年 5 月 20 日，西甲最后一轮赛后，伊涅斯塔独自一人坐在诺坎普的草坪上不肯离去，任回忆在心底流淌，对巴萨诉说最后的衷肠。

沁入心脾，更加浓烈，总会让人在想到他时，不经意地会心一笑。2012 年欧洲杯，伊涅斯塔获评赛会最佳球员，他遭 5 名意大利球员以及 6 名克罗地亚球员包夹的"神图"更是引发热议。2010 年的南非则是伊涅斯塔真正的封神之地，世界杯决赛鏖战至第 116 分钟，这个时间从那时起就可以被定义为伊涅斯塔时间，至少西班牙人是这么想的。直到现在，很多人都还能详细回忆起伊涅斯塔从停球到起脚到破门的每一个动作，包括他脱衣狂奔欢庆时衣服上那句感动世界的"哈尔克永远与我们同在"。西班牙足球的历史被伊涅斯塔亲手改写，而在这辉煌一页的注脚上，他也浓墨重彩地写下了自己的名字，供后人景仰。

从青训营的少年到国家队的脊梁，伊涅斯塔就这样看似平淡地成就了不平淡的职业生涯，他从不奢望去创造惊天动地的神话，只是把每一步都结结实实地踏在了足球场上。当脚下的足迹越来越深，他已经用最简单的方式收获了最丰硕的荣耀，留给了不停追梦的西班牙足球。如果西班牙足球的辉煌时代如今已暂告收场，那么伊涅斯塔就是那个时代留给斗牛士后辈们的最好馈赠。

我本飞侠

罗本

阿尔杰·罗本
Arjen Robben

国籍：荷兰
出生地：贝杜姆，荷兰
出生日期：1984年1月23日
位置：边锋
俱乐部：格罗宁根，埃因霍温，切尔西，皇家马德里，拜仁慕尼黑
俱乐部进球数：209球/608场
国家队进球数：37球/96场

总有一首歌，能让你想起他

歌名：Don't Stop
歌手：5 Seconds of Summer

  关于速度，不同的人有不同的钟爱，就像武侠世界中有人修炼飘忽若神、罗袜生尘的凌波微步，也有人痴迷踏雪无痕、梯云轻纵的武当轻功。在足球世界里，球场的复杂环境给了"速度"这一单调的物理概念丰富的感官表现形式，你可以倾慕卡尼吉亚随风飘曳的长发，也可以沉醉于卡卡单骑闯关的风姿，或者在贝尔"传给三秒后自己"的神奇表演中久久不能自拔。

  而有一种速度，它最大的魅力并不只在疾行如风的呼啸瞬间，而是蕴藏在急转急停再起速的方寸之中突然出现的节奏间隔，让对手防不胜防，自乱阵脚，拱手送上空当和机会。这种速度，行遍江湖十数载少有人可以遏制，也只有一人可以驾驭，这种速度，只能属于罗本。

  433 阵型是荷兰足球的世袭至宝，它对于边锋的要求极高，有两个基本条件——高速状态下人球结合的协调能力，以及传射俱佳的球场素质。在这一点上，罗本早在埃因霍温时期就已经体现出了超高的天赋，纵观荷甲联赛无人能出其右。当时的荷兰足球正在经历无缘韩日世界杯的阵痛，罗本的横空出世让苦于人才断档的荷兰足坛如获至宝。但这样的青年才俊，是荷甲联赛这座小庙怎么也容不下的。

  曾有人开玩笑说，罗本之所以跑得快是因为他没有头发，这样阻力就会小很多。罗本也拿自己的发型自嘲，他说他很怀念在切尔西踢球的那几年，因为那时候他还有头发。而当他离开切尔西的时候，也是他的头发逐渐消失的时候，或许真的是因为他在球场上跑得太快了，连他的头发都跟不上他的速度。就连苛刻的穆里尼奥都曾经如此评价罗本："他是我见过的带球速度最快的球员"。基于此，"小飞侠"的绰号恰如其分。

  或许是因为对自己速度优势的绝对自信，罗本的踢球方式愈发得简单，但这种简单并不意味着单调、缺乏创造力，而是一种至精至简的境界，就

△ 2005年，罗本在切尔西队先后获得联赛杯、英超联赛和社区盾杯三个冠军。

▽ 2008年2月10日，在皇马主场7比0狂胜巴拉多利德的比赛中，罗本攻入一球。那个赛季，皇马蝉联了西甲冠军。

像罗纳尔多和踩单车、齐达内和马赛回转、小罗和牛尾巴过人一样，都已经达到了肌肉记忆的程度。带球起速、突然转向、内切射门，这一系列动作在几秒钟内打完收功，不给对手任何反应空间。

罗本一招行遍天下，引得无数追随者争相效仿，但是直到现在也没有人可以接近本尊的水准。当然，罗本强大的攻击特质也并非让他在各个地方都能独领风骚，在群星云集的银河战舰，罗本独行江湖的作风无法令身边的大牌队友们满意。2008/2009赛季，在其他队员的重压之下，时任皇马主帅胡安德·拉莫斯一度将罗本按在替补席上，强行限制了他的奔跑。或许正因如此，罗本后来表示，自己逃离皇马加盟拜仁是这辈子做的最正确的决定。

从踏进慕尼黑塞贝纳大街的那一刻开始，小飞侠开启了自己职业生涯的巅峰期。他在这里感受到了久违的自由，那种可以尽情释放的自由。就连拜仁的阵容配置似乎都是为罗本最大化地制造施展空间，在他统治的右边路，有拉姆在其身后保驾护航，而里贝里在另一条边路与其遥相呼应，"罗贝里组合"在当时就是世界足坛两翼齐飞的代名词。那段时间，无论是在拜仁还是荷兰国家队，罗本一步步接近事业的巅峰。

其实作为球员，生在荷兰是一种幸运，那里不仅是郁金香的故乡，也是足球的天堂，这片沃土的养分最适合根植足球的种子。少年心愿，橙衣梦想，心之所向，神之所往。也是因为生长在荷兰，这里的足球莫名增添了一种悲情色彩，因为无冕，荷兰人最能体会那种一步之遥的遗憾。

这种感觉罗本想必刻骨铭心。

小飞侠身披国家队战袍的日子已经不短了。橙衣加身，罗本在德国莱比锡快剑出鞘刺破塞黑防线，在瑞士伯尔尼边路狂奔肆虐高卢雄鸡，在南非开普敦用最不擅长的头球顶翻乌拉圭，在巴西萨尔瓦多让拉莫斯望尘莫及，让卡西狼狈不堪……

他本有机会刻录更加珍贵的瞬间，去颠覆一段历史，成就一个国家的梦想。但是，在约翰内斯堡的足球城球场，尽管两次让当时的世界最佳中卫普约尔疲于奔命，但他单刀不进，依然没能敲开命运的大门，荷兰人功

< 2009/2010赛季欧冠1/4决赛第二回合，拜仁慕尼黑客场挑战曼联，罗本攻入关键进球后做出怪异的庆祝动作。尽管拜仁最终2比3告负，但以客场进球多的优势晋级。

∨ 2010年世界杯决赛，罗本先后两次错失单刀机会，未能帮助荷兰攻破西班牙城池，遗憾不已的他长跪不起。

败垂成的历史仍在延续。罗本在漩涡的最深处体会着功亏一篑的苦涩，就像他的前辈克鲁伊夫、内斯肯斯们曾经遭遇的一样。

这种苦涩长久在罗本心中发酵，小飞侠一次次地尝试甩开心魔，轻身狂奔，却一次次被绊倒在原地。2010年世界杯后，伤病开始不时到访，对于罗本来说，能够踢一个完整的赛季竟成为奢望。更残酷的是，因为伤病的纠缠，他无力改变荷兰队连续无缘2016年欧洲杯和2018年世界杯的悲情命运。被挡在俄罗斯世界杯门外之后，告别橙衣军团的罗本留下了一句让人不胜唏嘘的话："玻璃人坚持到了最后。"读懂了这句话，也就读懂了橙衣罗本的冷暖悲喜。

在拜仁慕尼黑，罗本也曾经历过一段灰暗日子。2011/2012赛季，罗本在威斯特法伦球场罚丢点球，拜仁失去了当赛季从多特蒙德手里复辟王朝的希望。同样是那个赛季，安联球场，欧冠决赛，罗本在加时赛中再次倒在12码处，拜仁最终在家门口痛失欧冠奖杯。几乎所有的口诛笔伐在赛后都指向了罗本，人们似乎只记得他两年里屡失良机，先后丢掉几乎到手的世界杯和欧冠奖杯，却没人记得他用进球将荷兰队送进决赛，在伯纳乌扳平总比分挽救拜仁。这就是职业足球的残酷，功成名就之前，在记忆深处，总会有些抹不去的灰色。

既然抹不去，那就用更亮的色彩淡化过往。2013年5月26日的温布利，罗本随拜仁慕尼黑四年内第三次站上欧冠决赛的舞台，对面的多特蒙德曾经让罗本黯然，这一次，他要在同一个对手身上亲手找回失掉的骄傲。

在双方1比1僵持不下之时，终场前1分钟，里贝里脚后跟灵光一现，罗本闪电般杀出，在穿透对手整条防线之后将球缓缓送进球门。绝杀！在球还没有完全越过门线之时，罗本就已经开始了飞奔，这是他十几年来最畅快的一次庆祝。小飞侠在进球后很长的时间里一直对着看台呼喊着什么，这是一种彻底的释放，所有的悔恨、失落、指责和压力同时喷涌而出，从温布利的草皮挥散到了浩渺苍穹，无影无踪。

那晚决赛赛后，罗本和里贝里像孩子一样松散地并肩坐在拜仁巨幅队旗上，说说笑笑，也许是在彼此回忆那些来去如风的日子，回看从山脚一

▲ 2012/2013 赛季欧冠决赛，罗本最后时刻攻入制胜进球，拜仁慕尼黑 2 比 1 绝杀多特蒙德夺冠，小飞侠弥补了自己上一赛季在决赛中罚丢点球痛失冠军的遗憾。

路逆境而上的风景。

2019 年夏天，10 号和 7 号同时告别了拜仁，里贝里转会到佛罗伦萨，罗本则选择了退役，"罗贝里组合"从此成为回忆。共同走过整整十年，"罗贝里"这个名字早已分不开，扯不断，一个名字代表了两个人的十年，两个人的十年成就了这一个名字。看到罗贝里，就看到了过去十年的拜仁，回想拜仁的过往十年，似乎就是罗贝里彼此之间演绎的足球约定。感谢这段最好的时光，他们在最好的时光遇到了彼此，拜仁在最好的时光遇到了他们。

然而就在告别一年之后，2020 年 6 月，罗本突然宣布复出，加盟母队

▲ 2020 年 6 月 27 日，退役一年后，罗本突然宣布复出，加盟母队格罗宁根，身披 10 号球衣征战荷甲联赛。

格罗宁根，或许无法割舍在球场上奔跑的感觉，小飞侠回到了自己梦开始的地方。从终点到起点，从慕尼黑到格罗宁根，罗本还要继续飞奔。

那不变的逆风行走，那不变的完美弧线，绕过了我们的大部分青春。如今罗本回来了，似乎一切都回来了，又有多少人欢呼自己的青春也回来了呢？

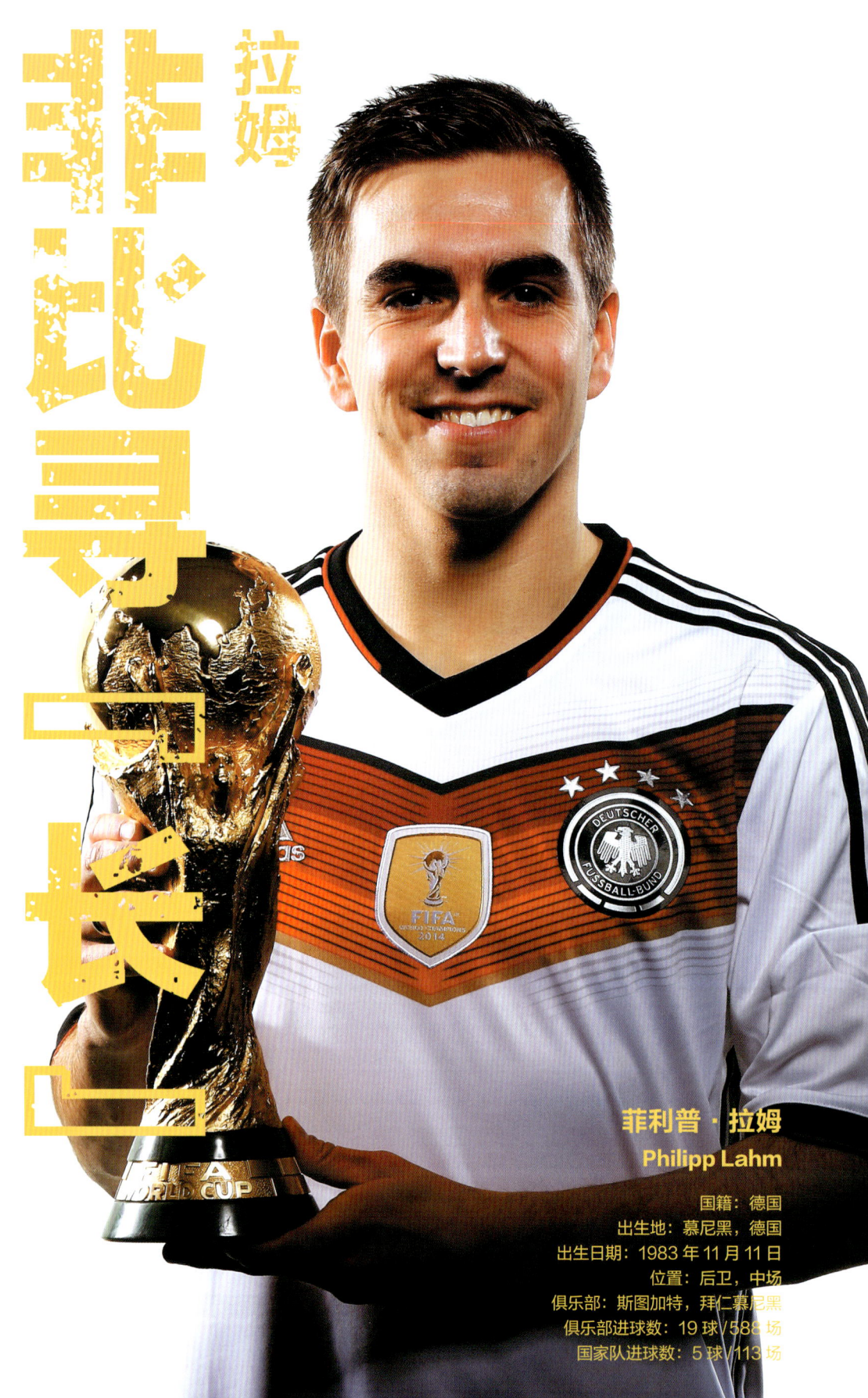

拉姆
菲比寻常

菲利普·拉姆
Philipp Lahm

国籍：德国
出生地：慕尼黑，德国
出生日期：1983年11月11日
位置：后卫，中场
俱乐部：斯图加特，拜仁慕尼黑
俱乐部进球数：19球/588场
国家队进球数：5球/113场

总有一首歌，能让你想起他

歌名：Weus'd a Herz hast wia a Bergwerk
歌手：Rainhard Fendrich

　　身高 1.70 米，体重 61 公斤，菲利普·拉姆是足球场上公认的小个子，他身材不高，还略显单薄，但他也是足球场上名副其实的大智慧。瓜迪奥拉执教拜仁时曾这样评价自己的弟子："他是我见过的最聪明的球员，是拜仁历史上最好的五位球员之一。"

　　能从世界名帅口中得到这样的评价，拉姆的实力可见一斑；能成为德国国家队和拜仁慕尼黑队的双料队长，更可见拉姆的过人之处。中国球迷送给了拉姆一个无比形象的爱称——队短。"短"是"长"的反义词，既形容拉姆个子矮小，也在陈述另一个事实：我们的队长不寻长（常），别看他"人小"，可他"鬼大"。

　　拉姆自曝他的偶像是前任德国队和拜仁的双料队长卡恩，尽管小时候他非常惧怕这位偶像，却总是被他的气势折服。卡恩的外号是"狮王"，拉姆的外号却是"松鼠"，两个形象气质相去甚远的主体却在不同时期承担起了相同的使命。这不能不令人相信，他们的身上一定有着某种共性生命体，在过去和现代之间建立起"传授"与"接受"的脉搏，这便是传承。

　　卡恩或许并不会记得下面这一幕场景，拉姆却始终记忆犹新：20 岁的拉姆出战了 2004 年欧洲杯的全部三场小组赛，那是德国队的滑铁卢，却是拉姆的第一届大赛，他以新人姿态收获好评，但无力挽救球队小组赛即遭淘汰的命运。在返回德国前，卡恩特意走到拉姆身前捏住他的肩膀说："你没有拖后腿。"这是"狮王"与"松鼠"的第一次正式对话，最简单的关怀却孕育出了无穷的力量。

　　作为一名后卫，球场上的拉姆和门将位置的卡恩必须具有同一特质，不能犯错；作为队长，他们又需要同一种精神，决不屈服。尽管在今天看来，拉姆在职业生涯中赢得冠军无数，但是，他经历过的"戈壁沙滩"却和他的荣誉一样无法被埋于沙底。

◁ 2004年欧洲杯,德国战车小组赛即抛锚出局,20岁的拉姆以主力身份参加了全部三场小组赛。最后一战1比2负于捷克之后,队长卡恩上前安慰失落的拉姆。

▽ 2008年欧洲杯半决赛,比赛的最后一分钟,拉姆带球突入禁区将球打进,德国队3比2绝杀土耳其闯入决赛。

球迷们津津乐道于 2006 年世界杯揭幕战，臂带护肘的小将拉姆带伤攻入了德国队在那场夏日童话里的首球，但是，鲜有人知道他在赛前经历了巨大的心理波动。22 岁的拉姆已经遭遇过三次严重伤病，最长的一次他整整休战了半年时间。但正是伤病让他比同龄球员更早地接受历练，惧怕并不能改变困境，他学会了保护自己，更学会面对生活中不可预知的未来。

　　很多时候，也许只是因为他没有长着一张冷峻坚毅的面孔，没有日耳曼风骨的大个子，没有习惯性地在球场上吼叫，不然，他一定是那个漫画书上无所不能的英雄队长。

　　在成为队长前，他已经成为了那个在欧洲杯赛场上绝杀土耳其的国家队英雄。在成为拜仁副队长的第一个赛季，他就因直言不讳地批评俱乐部不成系统的买人政策而遭罚款，但他赢得了球迷的掌声。私下里，傲慢的德甲巨人还是采纳了他的建议。拜仁慕尼黑不需要一个只知听话的队长，在范博梅尔离开后，他们把领袖的标志授予拉姆，去实现那个多年未尽的理想。

　　四年三进欧冠决赛，写满了一支强大之师对梦想的不懈追求，两次折戟沉沙，写满遗憾却为挣脱宿命而永不放弃。如果你目睹过一个个拜仁球员在失败后瘫坐草坪的无力，就一定见证过那个佩戴着队长袖标的人始终站立在球场中间。历史和传统早已为这支铁血之师植入风骨，他可以失败，却是为了积蓄第三次卷土重来的能量，一定有人不可以倒下，去昭示冠军的最终归属。

　　决不倒下的菲利普·拉姆是拜仁慕尼黑俱乐部史无前例的三冠王队长。名副其实！人们说，这是最好的时代，同属德国国家队和拜仁慕尼黑队。最好的时代一定是由最好的人创造的。人们说，这是黄金一代。拉姆说："只有赢得世界冠军才能说明我们是黄金一代。"

　　在出征巴西之前，拉姆已经做出了世界杯后退出国家队的决定。尽管在大众看来，已入佳境的德国足球在各个位置上都不再缺乏接班人，但拉姆除外。除了精神领袖的作用，他既能出任左后卫，也能出任右后卫。关于拉姆的场上位置，最形象的一句比喻是：罗本和里贝里到底谁的威胁大，那要看拉姆出现在左边还是右边。出身宇宙战队巴塞罗那的瓜迪奥拉为何如此钟爱拉姆？一位高智商的教练怎么可能不钟爱最高智商的球员？！正

︿ 2011/2012 赛季欧冠决赛，大好形势下的拜仁最终在点球大战中不敌切尔西，与冠军失之交臂。赛后，拜仁球员无力地瘫倒在草皮上，只有队长拉姆傲然而立。

﹀ 2012/2013 赛季，拜仁再次闯入欧冠决赛并击败多特蒙德夺冠，拉姆和他的球队终于弥补上赛季失冠的遗憾。

是在瓜迪奥拉的授意下，拉姆在 2013/2014 赛季转型为一个成熟的后腰。拉姆说："如果球队还不够成熟，我就需要更加成熟。"

他做好了一切准备，去征战他的最后一届世界杯。一开始他出现在左路，勒夫变阵，他回到右路；队友失位，他回到中路；队友进攻，他助攻至前场。最终的结果似乎显得那么水到渠成，但是它却经过了一个冗长的铺垫，烘托出美丽的结局。大力神杯意味着什么？意味着一代又一代人跨越了 24 年之久的梦想成真，意味着德国足球真正的黄金一代终于成熟，更意味着你不用再为失去任何一名球员而揪心不已。

你甚至会感激这十年。当卡恩、巴拉克告别国家队的时候，你以为德国足球还会沉眠很久，但是在拉姆、施魏因施泰格、波多尔斯基告别的时候，人们已无需再为德意志战车的未来担忧。对于他们三个人来说，他们组成了特殊的一代。十年前，他们在德国足球的黑暗中拼力闪烁，带来微弱光明，十年后，掩映在满目繁星中的他们终于可以骄傲地离开。这样的过程才是一场真正的美丽童话。

在这个过程里，拉姆没有留下任何遗憾，他与拜仁一起五次获得赛季双冠王，他五次入选国际足联年度最佳阵容；在这个过程里，他明知这不是一个属于后卫的时代，但还是成为了最无可争议的后防多面手，他用头脑和勤奋去弥补身体的不足，用自律和严苛去要求自己和自己的球队，用低调和乐观去对待生活，用意志和坚定去实现理想，再用行动和成熟去达成他人无法企及的荣耀。在这个过程里，菲利普·拉姆充满了足球的大智慧、生活的大智慧和人生的大智慧。

拉姆 2017 年退役时才 33 岁，这或许并不是一个应当告别的年纪，但对于拉姆而言，他的足球使命已然可以画上完满句点。拉姆说，他不是真正的离去，他会永远注视拜仁，希望后来者可以一直为它带来盛大庆典，带来欢畅的啤酒浴。寥寥数语，凝结的是对过往时光的款款深情。

作为双料队长，拉姆或许不是一位君临天下的帝王，但他却用沉默与安静诠释着自己的领袖哲学。当他到来时，润物细无声，当他归去时，惊艳了无痕，这就是球迷们爱他的样子。

◂ 2014年世界杯决赛,终场哨响的一刻,队长拉姆跪倒在地,振臂高呼。

橙兵飞将
范佩西

罗宾·范佩西
Robin van Persie

国籍：荷兰
出生地：鹿特丹，荷兰
出生日期：1983年8月6日
位置：前锋
俱乐部：费耶诺德，阿森纳，曼联，费内巴切
俱乐部进球数：273球/593场
国家队进球数：50球/102场

总有一首歌，能让你想起他

\>\>\>

歌名：Nothing to Lose
歌手：Michael Learns to Rock

橙衣威风凛凛，英伦纵横杀敌。谁敢横刀立马？唯我范大将军！

有这样三个时刻，真的让我们相信，范佩西来到足球世界，是真正的"橙兵飞将"。

2014年6月13日，萨尔瓦多的新水源球场，是属于范佩西与荷兰足球的荣耀之地。如果说荷兰5比1血洗西班牙已让人始料未及，那么范佩西的鱼跃冲顶进球则早已超出人类的想象极限。布林德那脚几乎纵贯半场的50米斜长传，或许只是下意识地去找寻范佩西狂奔的身影，但谁都不会想到，在禁区边缘，范佩不等皮球落地，腾身向前鱼跃冲顶，一道美妙的弧线划过天际，皮球应声入网。那一刻，他像是穿上红色斗篷的超人，是个无所畏惧的超级英雄，就连范佩西93岁高龄的爷爷，也在家中模仿起了孙儿这个不可思议的进球动作。为了纪念这个伟大的进球，荷兰当局甚至还发行了限量版的范佩西硬币。这是典型的、最好的范佩西。

2013年4月22日，老特拉福德球场，是属于范佩西与曼联的冠军时刻。仅仅用了32分钟，范佩西便用一个帽子戏法帮助曼联3比0轻取阿斯顿维拉，曼联历史上第20个顶级联赛冠军如约而至。而这个冠军背后，还有一个无比华丽的注解。依然是一脚纵贯半场的斜长传，只不过这次与范佩西心有灵犀的是鲁尼。高速插上的范佩西不等皮球落地凌空抽射，当他的左脚与皮球接触的一刹那，这个球就注定将奔球门死角而去。果不其然，电光火石之间，只见阿斯顿维拉门将古赞摊手愕然，而范佩西则是狂奔庆祝。这是一个标准的范佩西式的进球，他与空中的皮球似乎永远都是最好的朋友，这更是一个价值连城的进球，这是范佩西送给弗格森最好的礼物，也是送给自己最好的礼物。这是典型的、最好的范佩西。

2006年9月30日，查尔顿山谷球场，是属于范佩西与阿森纳的勇者舞台。当球队即将要"坠落山谷"，范佩西先是用一个进球挽球队于既倒，

◁ 2014年世界杯小组赛,荷兰5比1血洗西班牙,范佩西的进球最为精彩,他接布林德的长传,在禁区边缘鱼跃冲顶,皮球划出一道美丽的弧线入网。

◁ 2013年4月22日,范佩西上演帽子戏法,曼联3比0轻取维拉提前夺冠。范佩西的第二粒进球华丽无比,接到鲁尼的斜长传,他不等皮球落地直接凌空抽射破门。

◁ 2006年9月30日,范佩西独中两元帮助阿森纳客场2比1逆转查尔顿,他剪刀脚攻入的制胜进球让人印象尤为深刻。进球之后,范佩西跳上广告牌,接受球迷的欢呼。

随后，他更用一种不可思议的进球方式让整个"山谷"震荡。那是一脚来自埃布埃的右路传中，球速极快。当球传到禁区边缘，范佩西正好拍马赶到，他的身体姿势并不适合直接打门，但他却在空中做出了一个销魂的剪刀脚动作，一跃而起，他的左脚再度点石成金，一脚完美的凌空抽射。皮球像一枚出膛的炮弹，直奔球门上角而去，进球后的范佩西站在广告牌上，张开双臂，享受着那一刻所有人向他投来的膜拜目光。见多识广的温格说，这个进球是他这辈子见证过的最美妙的进球。这是典型的、最好的范佩西。

三个时刻，三寸光阴，定格了最好的范佩西。

当他在费耶诺德年少轻狂，与范马尔维克势同水火，教授温格将他带到了兵工厂。随着枪手黄金一代的落幕，阿森纳的进攻大旗扛在了范佩西的肩上。八年枪手岁月，他从初来乍到的罗宾侠成长为了横刀立马的范大将军。

他在阿森纳留下了无数经典的时刻，但唯一缺少的就是一个含金量十足的冠军锦标。尤其是 2011/2012 赛季，范佩西砍瓜切菜般的在联赛中轰入 30 粒进球荣膺英超金靴，但即使是这样的表现，依然无法改变阿森纳的无冠尴尬。那一年，他是枪手的 10 号，他更是枪手的队长，但也是那一年，他做出了一个到现在为止都依然无法被枪迷原谅的决定。

和法布雷加斯一样，为了冠军，范佩西要离开了。但不同于小法的"回家"，范佩西选择了阿森纳的一世之敌曼联。你能想象有一天，托尼·亚当斯、维埃拉或者亨利从阿森纳直接加盟曼联吗？但这个天方夜谭，就在范佩西身上成为了现实。

在阿森纳球迷的口中，这是赤裸裸的"卖主求荣"，此时的范佩西处于争议风暴的漩涡。温格对于这样的决定依然无能为力，他成就了很多人，但他无法要求所有人永远忠于阿森纳，这就是足球。但即便如此，温格依然告诉弗格森，范佩西比你想象中的还要好。范佩西也说，阿森纳是他的足球学校，温格是他的足球父亲。很多人试图抹掉他在阿森纳的这段历史，但他所留下的 132 粒进球无法抹杀。让时间来说话，一切会云淡风轻。

2012/2013赛季,范佩西转投曼联的第一个赛季,他便以26球夺得英超金靴,帮助红魔获得联赛冠军。

在曼联,范佩西如愿以偿,他选择了20号球衣,也为曼联拿下了第20座顶级联赛的冠军奖杯。那一年,他以26粒进球卫冕英超金靴,只不过不再身着阿森纳的衣衫。那一年,他以一个曼联球员的身份回到酋长球场,迎接他的是球迷无尽的嘘声,他攻破了阿森纳的球门,没有奔跑,没有庆祝,那一刻,他放下骄傲,昨日时光似乎在重播慢放。那一年,他威风八面,绝杀曼彻斯特德比,帽子戏法击溃维拉,他是红魔夺冠的首功之臣。这个英超冠军,是他职业生涯分量最重的一座冠军锦标。

只是后来的一切,似乎不尽如人意。当弗格森功成身退,莫耶斯和范加尔都没能激活那个最好的范佩西,尤其是曾经在荷兰国家队与范佩西师徒情深的范加尔,竟然在曼联与昔日爱徒分道扬镳。

范佩西远走土耳其,在英超江湖留下了无尽遗憾。这无尽的遗憾同

△ 2010年南非世界杯，范佩西和他的橙衣军团距离梦想咫尺之遥，但终究还是遗憾而归。

样属于橙衣加身的范佩西，他是国家队历史第一射手，他的后面是一连串伟大的名字：范巴斯滕、博格坎普、范尼斯特鲁伊……但是，同那些伟大的名字一样，范佩西也无法让荷兰摆脱"无冕之王"的称号。南非，曾让他与梦想咫尺之遥，但终究遗憾而归。

2019年夏天，叶落归根的范佩西在费耶诺德完成了谢幕演出，18年的职业生涯，他用最淋漓尽致的方式写下了一个性格光鲜的射手传奇。范佩西就是足球场上的橙兵飞将，无论皮球此前在空中划出多么平庸的轨迹，他都能以气贯长虹的霸气，不等皮球落地，化腐朽为神奇。他不是一台精密计算的电脑，他凌空斩的方程式便是他的足球天赋与智慧。

他充满争议，他背负骂名，但每当他出现在球场上，我们的眼前还是会出现一幅波澜壮阔的画卷：黄沙漫天，血雨飞扬，战鼓隆隆，号角声声，横刀立马，睥睨远方。舍我其谁？范大将军！

杀手本色

比利亚

大卫·比利亚
David Villa

国籍：西班牙
出生地：兰格雷奥，西班牙
出生日期：1981年12月3日
位置：前锋
俱乐部：希洪竞技，萨拉戈萨，巴伦西亚，巴塞罗那，
　　　　马德里竞技，墨尔本城，纽约城，神户胜利船
俱乐部进球数：367球/729场
国家队进球数：59球/98场

总有一首歌，能让你想起他

歌名：Ordinary Miracle
歌手：Sarah McLachlan

2020年1月1日，东京新国立竞技场，主裁判吹响了日本天皇杯决赛的终场哨，也是比利亚职业生涯的终场哨。神户胜利船完胜鹿岛鹿角夺冠，比利亚收获了个人第15座、也是最后一座冠军奖杯。从此，比利亚的名字汇入传奇巨星的璀璨星河。

在他所经历的伟大时代里，大卫·比利亚的名字从来不是最璀璨夺目的那一个，但若没有他，那个傲然矗立的伟大时代不会那般星光闪耀。没有名门出身，也没有万千宠爱，比利亚在平凡之路上一次次用不平凡的方式展现着自己的射手本色，一步步走上了群峰之巅。

从小酷爱足球的比利亚4岁时不幸右腿骨折，但这次意外没有动摇幼小的比利亚坚持踢球的决心。父亲是他足球道路上的领路人和启蒙教练，在父亲的帮助下，小比利亚没有远离足球，而是有意识地强化左脚技术，这让他的双脚都能娴熟控球，在和同龄人的竞争中脱颖而出。

希洪竞技的球探就被比利亚全面的技术征服，力荐球队将他收归帐下。左右脚均衡的射门能力让比利亚迅速成为球队的中流砥柱和最佳射手，不过，始终在西乙徘徊的希洪竞技注定无法满足他对更高荣誉的渴望。2003年，比利亚成为职业球员的第二年，他来到了萨拉戈萨，终于踏上了顶级联赛的赛场。

在萨拉戈萨，比利亚踢出了名堂。2004年，他率领萨拉戈萨在国王杯决赛中逆转战胜巨星云集的皇马，赢得了满堂喝彩。之后的西班牙超级杯，比利亚带领球队客场面对巴伦西亚，用出色的表现导演了一场逆袭之战。或许正是因为这场比赛，让巴伦西亚队打定主意要将比利亚带到梅斯塔利亚球场。

2005年夏天，比利亚带着1200万欧元的身价穿上了巴伦西亚的7号球衣，首个赛季就打进25球，一跃跻身顶级前锋的行列。大约在这个时

︿ 2013/2014 赛季欧冠决赛，一直领先的马德里竞技在最后时刻被皇家马德里追平，并在加时赛里告负，痛失冠军的比利亚无比失落。

﹀ 2010/2011 赛季，巴塞罗那在欧冠决赛中与曼联会师温布利大球场，比利亚在第 69 分钟攻入一球，帮助巴萨锁定了 3 比 1 的胜局。

△ 2006年9月27日，欧冠联赛小组赛，巴伦西亚主场2比1击败罗马，比利亚打进了制胜一球。

期，中国球迷开始将比利亚昵称为"葫芦娃"，至于该称呼的由来，众说纷纭，一说是比利亚儿时个子不高但却比较敦实，当地人管他叫"葫芦"，而中国球迷"葫芦娃"的称谓明显更接地气。在效力巴伦西亚的5年里，比利亚和莫伦特斯的攻击组合威慑力十足，足可比肩皇马巴萨的豪华锋线。在当时，巴伦西亚球迷间流传着这样一句话：西班牙的7号不止有劳尔一人，比利亚才是西班牙第一前锋。

取代劳尔，是年轻的比利亚鞭策自己的动力，对于球迷的有心称赞，他或许没有太过在意，但是在心底，他还是给自己留有一丝的悸动。2006年，状态火热的比利亚首次出征世界杯。身披21号战袍的他在德国之旅中收获3粒进球，绝对算是惊艳的大赛初体验，西班牙人也赫然发现，象征国家队第一前锋的7号战袍似乎找到了最适合的继承者。

两年后的欧洲杯,是西班牙王朝盛宴的开篇舞。有人说,是劳尔的缺席才成全了比利亚穿上 7 号球衣,不过,时年 26 岁的比利亚却做到了劳尔未曾做到的事。小组赛面对俄罗斯,比利亚 3 次洞穿对手球门,成为第一位在欧洲杯决赛圈上演帽子戏法的西班牙球员。看过比利亚的表现,就连劳尔本人也承认,7 号球衣交给比利亚是最正确的选择。手握最佳射手的荣誉,比利亚和斗牛士军团从阿尔卑斯山下一举跃上了欧洲之巅。

两年之后,戴着欧洲王冠来到非洲大陆的比利亚和队友们只为证明一件事:他们绝不是昙花一现的守望者,而是新王朝的奠基人。平日少言寡语的比利亚在球场上总是最踏实勤勉的一个,前锋决定比赛的方式有很多种,比利亚最擅长的是在僵局之下,于无声处一剑封喉,就像他在淘汰赛接连面对葡萄牙和巴拉圭时做到的一样。对于志在刷新历史的西班牙足球来说,拥有这样一个真正为大场面而生的杀手实在是可遇不可求的财富。

很多人说比利亚大器晚成,其实他只是在年轻的时候不愿过分表达自己,因此,当他步入而立之年,便不愿轻易放弃任何机会,他要尽可能地去实现自己的每一个愿望,欧冠冠军是接下来的目标。

南非世界杯后,比利亚转投巴塞罗那,第一个赛季,他和巴萨"梦三队"就在温布利大球场踩着红魔曼联的肩膀摘得了欧冠圣杯。比利亚在第 69 分钟用巧夺天工般的弧线球破门,充分展现了西班牙球员细腻的射门脚法。比利亚击败了范德萨,巴塞罗那扑灭了曼联最后的希望。那一晚,是比利亚的又一个不眠之夜,因为直到捧起欧冠奖杯,他才完成了儿时的所有梦想。

然而在年底的世俱杯上,正处巅峰的比利亚却遭遇重伤,5 个月的休战期就像他身后沉重的影子,死死拖拽着努力要向前飞奔的比利亚。2012 年欧洲杯就这样变成了比利亚望眼欲穿却有心无力的空中楼阁,那个夏天,他只能在电视机前看着曾经并肩战斗的队友延续着西班牙王朝的光辉统治。

那次重伤成了比利亚职业生涯的转折点,此后的他屡屡遭遇挫折,特别是在 2014 年的夏天。在马竞,他经历了一场失望的欧冠决赛,最后时刻被皇马扳平,进而加时遭遇逆转。拉莫斯的进球被比利亚形容为职业生

△ 2006 年世界杯小组赛，西班牙 4 比 0 大胜乌克兰，首次参加大赛的比利亚便独中两元。

涯最糟糕的时刻，从天堂跌落的感觉让他失去了对欧洲赛场的最后一丝留恋。世界杯开赛前，他便宣布了加盟纽约城的决定。

而在斗牛士军团，想要弥补 2012 年欧洲杯缺阵之憾的比利亚第三次踏上世界杯赛场。但他怎么也没想到，桑巴大地闪耀的征服之光照亮的不是西班牙队的前路，而是将他们狠狠甩进了胜利者背后的阴影之中。对阵澳大利亚的比赛成了比利亚国家队生涯的绝唱，一记精巧的脚后跟破门又让我们看到了那个曾经威风八面的"葫芦娃"。进球后的比利亚不停地亲吻胸前的队徽，当他被替换下场之后，他坐在替补席上掩面而泣。他不想这样离开，却不得已只能这样离开。

离开，就不再重逢。比利亚告别欧洲以及国家队的时刻，留下了满贯足坛的 12 座冠军奖杯，以及国家队 59 粒进球的数据。超越劳尔，"葫芦娃"达成所愿，独享西班牙国家队历史第一射手的美誉。

在美利坚，在日本，比利亚杀手本色不改，安享职业生涯最后的时光，直到 2020 年的第一天正式退役。当一切行至终点，回看比利亚走过的路，

那些年，我们一起追的球星 II

曾经的他，青春飞扬，意气风发，在空中划出生命的绚烂彩虹；曾经的他，风行天下，仗剑天涯，V7T9绝代风华；曾经的他，登顶欧洲，称霸世界，在高山之巅笑看风云变幻。

　　他不是耀世金童，不是天选之子，但他却是那个无论身穿哪件球衣都倾尽全力的"葫芦娃"，那个永远热爱并尊重足球的"葫芦娃"。那曾经滑行绿茵的轨迹，恰似一道道远去的车辙，或许终将在时光的侵蚀下被吞没，但在爱他的人眼中，这一眼，就是永生不忘的唯一风景。

◁ 2010年世界杯，比利亚攻入5球，在射手榜上并列首位，是西班牙夺冠的首功之臣。1/8决赛对阵葡萄牙以及1/4决赛对阵巴拉圭，都是比利亚攻入了制胜进球。

"隆"行天下

哈维·阿隆索

Xabi Alonso

国籍：西班牙
出生地：托洛萨，西班牙
出生日期：1981年11月25日
位置：中场
俱乐部：皇家社会，埃瓦尔，利物浦，皇家马德里，拜仁慕尼黑
俱乐部进球数：44球/701场
国家队进球数：16球/114场

总有一首歌，能让你想起他
>>>
歌名：You Got It All
歌手：Union J

"我要书写一本美丽的足球剧本。"这是哈维·阿隆索加盟德甲豪门拜仁慕尼黑时对记者的回答，"我不会一辈子待在一支球队里。"

他用一句话解释了自己行走于西班牙、英格兰、德国三个国家联赛的原因。他按照自己的剧本行走，每到一处都取得了令人瞩目的成功。他实现了自己想要的一切，别人终其一生的追求被他收获得"毫不费力"。他是足球世界的宠儿，但是宠儿的命运一直掌握在自己手中。

很少有球员有着如此清晰的目标，在阿隆索还是个孩子的时候，他就坚定地选择了防守型中场的位置。他享受那个指挥若定的角色，出于孩子的心理，他喜欢站在球场中央，由他决定把球输送到谁的脚下。

阿隆索出身于足球世家，父亲随皇家社会队两次获得西甲冠军，哥哥在西班牙第三级别联赛效力，弟弟则是一名足球裁判。阿隆索效力的第一家俱乐部就是家乡球队、也是父亲效力过的皇家社会。

很难想象，前一个赛季还在为保级而战的皇家社会，第二个赛季就获得了西甲亚军，其中阿隆索扮演了一个重要的角色。他在球队最危难的时候毛遂自荐，19岁就成为了皇家社会队的队长。在皇家社会以黑马之势狂奔的2002/2003赛季，阿隆索的特点全部显现，拦截、突破、转移、妙传、定位球，他无所不能。尤其值得一提的是，大力远射此时已成为他的标签，在同那个赛季最终夺冠的皇家马德里的直接交锋中，阿索隆用精准的远射敲开了卡西利亚斯把守的大门，皇家社会4比2大胜。阿隆索在赛季末被评为最佳本土球员，那时他不过21岁。

22岁的阿隆索为自己选择了硝烟更加弥漫的英超赛场，利物浦客场挑战富勒姆，他用一脚酣畅淋漓的任意球帮助一度0比2落后的红军最终反败为胜，那是他的英超首球。之后，他又在KOP看台的注视下，为取胜阿森纳立下头功。

▲ 2002年2月6日,在皇家社会客场同巴塞罗那的比赛中,21岁的哈维·阿隆索与对方的中场大将里瓦尔多直接对抗。

但是,在有了那个神奇的夜晚,体验过伊斯坦布尔的梦幻后,其他一切都变得黯然失色。在一个艰难的夜晚幸存,再用无数时光去追忆幸运与幸福,就是阿隆索于红军、红军于阿隆索在那个夜晚创造出的意义。

"看看照片,在罚点球前,我的脸已经说明了一切。"在那个真的可以追平比分、真的可以改写结局的历史时刻来临时,站在点球点前的人正是哈维·阿隆索,他说比紧张更多的东西是责任。他错失了点球,但是他用一生中最快的反应速度补射成功。哈维·阿隆索什么时候惧怕过责任?19岁那年,在皇家社会濒临降级命悬一线之时,他请命戴上队长袖标,他告诉主教练的话就是"这是我的责任"。

2005/2006赛季足总杯第三轮,利物浦1比3落后于卢顿,又是阿隆索攻入了两粒精彩绝伦的远距离吊射,利物浦最终5比3逆转比赛,这才有了那个赛季红军来之不易的足总杯冠军。

▲ 2004/2005赛季欧冠决赛,利物浦神奇夺冠,阿隆索自己主罚的点球被扑之后又补射成功,帮助球队3比3追平比分。伊斯坦布尔奇迹上演之后,阿隆索与好友杰拉德一起欢庆胜利。

还有更神奇的时刻,对阵纽卡斯尔,当那个于本方中圈弧起脚、飞行距离长达 70 米的吊射发生时,人们惊讶于阿隆索的如此杰作,同时又对它出自阿隆索的脚下并不感到意外。英国媒体说这是"令人发指的袭击",而红军主帅贝尼特斯则哑然失笑,他说进球发生前,他正准备向阿隆索高喊把球传给杰拉德。阿隆索以一个中场球员的方式完成了一个发生在中场管辖区域的进球,这是他整个职业生涯最鲜明的标志。

阿隆索为利物浦带来了一个欧冠冠军、一个欧洲超级杯冠军、一个足总杯冠军和一个社区盾杯冠军,但是在他受伤期间,贝尼特斯把他写在了甩卖名单上。一个赛季后,阿隆索以坚强的性格恢复优异的状态,让贝尼特斯后悔不迭。一场经历了 12 个月的谈判把阿隆索带到了伯纳乌,红军球迷一片哗然。杰拉德在日后出版的自传中将阿隆索誉为自己最好的中场搭档,直言不讳地批评贝尼特斯做出了一个愚蠢的决定。

以阿隆索的个性,他只会用更出色的表现回敬每一个轻视过他的人。他回到了西班牙,加入星光熠熠的银河战舰,更多的荣誉接踵而至。在皇家马德里,阿隆索的进球数减少了,但是他的长传助攻却成为了白衣军团前场巨星们摧城拔寨的倚靠。

小时候那个让他选择防守型中场的原因,等他长大后真的成为了他的独门绝技。他坐镇中场,在时机辗转间决定把球传给 C 罗还是本泽马,传给莫德里奇还是贝尔。他坐镇后防,便有了跨越半场的防守面积,成全了队友们任性的进攻。第二代银河战舰的成就远远大于一代战舰,阿隆索的荣誉簿上又增添了一座欧冠王冠、一个联赛冠军和两个西班牙国王杯冠军。唯一的遗憾是,由于累积黄牌停赛,他没能在实现皇马十全十美的那场欧冠决赛中亮相。

在国家队,阿隆索更是西班牙人连续三届大赛冠军的重要一员。在斗牛士军团超级豪华的顶配阵容中,阿隆索和哈维一后一前,一个长传精准,一个短传犀利。令人记忆尤为深刻的是,2010 年世界杯决赛,开场仅 28 分钟,阿隆索就被荷兰悍将德容的窝心脚飞踹胸部,但他强忍疼痛继续作战,直到第 87 分钟才被替换下场,终见西班牙队历史上首捧大力神杯。

∧ 2013/2014赛季欧冠联赛,阿隆索因累积黄牌停赛错过了皇马同马竞的决赛,夺冠之后,身穿西服看台观战的他冲进场内与队友一起庆祝。

∨ 继2008年欧洲杯夺冠之后,哈维·阿隆索又在2010年世界杯上捧起大力神杯,两年之后紧接着蝉联欧洲杯,他是西班牙队黄金年代的重要一员。

两年后的欧洲杯，同法国队的 1/4 决赛中，阿隆索迎来了自己的第 100 场国家队里程碑比赛，他用两粒进球完成了这场关键之战，并当选了全场比赛最佳球员。

纵观阿隆索的职业生涯，他已经取得了几乎所有冠军头衔。2014 年，当他离开西班牙前往德国加盟拜仁时，很多人已把慕尼黑看作了阿隆索的养老之选，但拜仁看中的依然是他在球场上的气定神闲、指挥若定。阿隆索没有成为替补，相反，相较职业生涯的巅峰期，他的组织进攻能力和大局观仍有过之而无不及。

33 岁的阿隆索在自己的第 5 场德甲联赛中，就创造了单场比赛 206 次触球、196 次传球 175 次成功的德甲历史纪录。34 岁的阿隆索仍然在 2015/2016 赛季的欧冠半决赛上贡献进球，为球队带来胜利，只是拜仁因为客场进球少而被马竞淘汰，阿隆索赛后伤心落泪。人们以为冠军拿到手软的足球宠儿不会再对胜利充满渴望，但对冠军的向往永远是一名职业球员深入骨髓的渴求。

18 年职业生涯，阿隆索行遍天下，无论行至何方，他都是那里的骄傲，他的足球剧本足够精彩。当他在球场上时，你或许感觉不到他的存在，但当他不在场上，你就会明白他存在的意义。他只是总把自己隐藏在无数个伟大时刻的背后，留给那些懂得欣赏的人去细细品味。这个时代，我们能够记住的，不仅仅是拥有主角光环的巨人，在巨人的身旁，同样有大师的臂膀。

阿隆索说，他希望人们提起他时，不只记得他的荣誉，他更希望被叫做"一个和善而谦逊的好球员"。陪伴阿隆索的每一寸光阴，如沐春风，只叹息当风再起时，早已物是人非。

∧ 2016年5月3日,慕尼黑安联球场,阿隆索在同马竞的欧冠半决赛第二回合中先拔头筹,拜仁最终2比1取胜,但因客场进球少而遭淘汰。

∨ 2016/2017赛季最后一轮德甲,拜仁主场4比1击败弗赖堡,阿隆索和拉姆两位传奇球星赛后同时退役。颁奖仪式后,阿隆索试图给身边的拉姆来个啤酒浴,但整蛊未成。即将说再见的时刻,他们可以尽情享受这完美的告别,与彼此的岁月同饮,和遥远的往事干杯。

总有一首歌，能让你想起他

>>>

歌名：Lift Me Up
歌手：The Afters

效力曼联时，伊布说，坎通纳是这里的国王，而他则是上帝。远赴洛杉矶银河后，伊布说，他好似一辆法拉利，其他人也就算菲亚特。重返AC米兰后，伊布说，要早请我回来，你们就拿冠军了。这是伊布，这很伊布。

有记者曾问伊布，瑞典能否晋级 2014 年巴西世界杯，伊布说只有上帝才知道。记者回应道："与上帝对话，似乎是件很困难的事情。"伊布告诉他："你现在就在和上帝对话。"这是伊布，这很伊布。

当年轻的伊布有机会加盟阿森纳，温格希望他来试训，但瑞典人果断拒绝："伊布从不参加试训。"于是他选择加入了阿贾克斯。与阿贾克斯队友的第一次碰面，伊布的开场白便令众人愕然："我是兹拉坦，你们他 × 的是谁？"这是伊布，这很伊布。

语不惊人死不休，口出狂言，桀骜不驯，这是伊布的 A 面人生。

2014 年，在瑞典足球先生的颁奖礼上，第九度获封瑞典足球先生的伊布突然哽咽，他告诉台下所有人，他所收获的一切，都不足以抵消两位瑞典球员英格斯与塞格斯特罗姆因癌症离世带给他的悲痛，而他的弟弟在几个月前也因为癌症去世。伊布说，在足球之外，生活要重要得多。这是伊布，这依然很伊布。

当伊布的首部自传《我是兹拉坦》问世后，他把这本书送到了巴黎圣日耳曼俱乐部每位工作人员的手上，无论是俱乐部的主席，还是俱乐部的清洁工，他们都在分享同一个伊布。这是伊布，这依然很伊布。

当伊布与妻子海伦娜订婚时，伊布说，他不需要买任何礼物送给妻子，因为她已经拥有了伊布，他就是最好的礼物。这是伊布，这依然很伊布。

至情至真抵人心，温情浪漫，质朴纯真，这是伊布的 B 面人生。

解析伊布拉希莫维奇，或许是世界足坛最为难解的一个方程式，他是

△ 2003年2月9日，荷兰国家德比在阿贾克斯和费耶诺德之间上演，伊布进球后怒吼庆祝。在职业生涯中，伊布效力不同球队期间参加的不同德比中都有过进球，堪称"德比先生"。

一个如此复杂的生命个体。

口出狂言，桀骜不驯，总是带着满脸的自负与骄傲。伊布的启蒙教练说，这是伊布天然的保护色，作为一名成长于马尔默罗森加德贫民区的移民，他需要用这种方式捍卫自己。

温情浪漫，质朴纯真。当人们以为伊布藐视一切的时候，他却说回归生活本身才是生命的真谛，这一切远远超越足球的意义。

或许，对瓜迪奥拉的态度，就是伊布复杂个性的一个缩影。他曾任性地对瓜迪奥拉撂下狠话："在西班牙，我拿你没办法，但以后我会见你一次，揍你一次。"这几乎把他与瓜迪奥拉变成了不共戴天的仇敌。但在接受采访时，伊布又一脸真诚地认为，瓜迪奥拉绝对是一位顶级的主帅，也是足球场上的最强大脑。他的眼神里，又透露着一份由衷的欣赏。他不会因为自己对瓜迪奥拉人品的质疑，而抹杀瓜迪奥拉的足球智慧。这就是伊

∧ 2006年2月12日，在尤文图斯同国际米兰的意大利国家德比中，伊布为斑马军团先拔头筹，尤文2比1取胜。

布，有着难以捉摸的思维和表达，或许正是因为这份难以捉摸，人们的爱会更加无法自拔。

这份无法自拔的爱，邂逅于那个神奇的2004年欧洲杯之夏。凭借一个不可思议的蝎子摆尾进球，伊布真正一战成名。他的进球方式，就如同他的思维模式一样，让人猝不及防，却拍案叫绝。到后来，人们甚至已经对伊布这种千奇百怪的进球方式习以为常，正所谓"无难度，不伊布"。伊布之所以能屡屡上演这种匪夷所思的进球，得益于他从小就练习跆拳道，极大地提高了身体的柔韧性。

这个身高1.95米的大个子，还可以细腻无比，以假乱真，过五关斩六将，留下阿贾克斯时期的经典之作。而面对英格兰的友谊赛，他更是用一脚33米开外的倒挂金钩，刷新了人们想象力的极限，在那个位置，那个时刻，用那种方式破门，除了伊布，再无他人。很多在人们看来几乎不可

2012年11月14日,瑞典队在友谊赛中4比2击败英格兰,伊布上演大四喜,他的第4粒进球是在距球门33米开外的一记逆天倒钩。

∧ 2009 年 11 月 29 日，在参加的首场西班牙国家德比中，伊布门前包抄攻入全场比赛唯一进球。

◁ 2009 年 5 月 2 日，在国际米兰主场同拉齐奥的比赛中首开纪录之后，伊布霸气庆祝。

∨ 2011 年 5 月 7 日，在客场 0 比 0 战平罗马之后，AC 米兰提前两轮获得意甲冠军，伊布面向球迷看台激情庆祝。

能完成的进球，伊布总能用他的智慧妙笔生花。有伊布存在的足球场，总是会充满万般可能。但如果当你问起伊布，他职业生涯最为漂亮的进球究竟是哪一个，他会说他最为经典的入球还没有到来。看，还是那么出乎意料。不，或许早在意料之中。

伊布的天赋异禀有目共睹，无论爱他或恨他，你都必须承认。但憎恨伊布的人，将他的多次转会当作瑞典人忠诚缺失的标尺。中国的"倒伊派"更是送给了伊布一个颇具中国特色的绰号——奉先。憎恨伊布的人也明了，论实力，伊布确实好比拥有万夫不当之勇的三国第一猛将吕布吕奉先，但是他却如吕布一样，频繁换主，难言忠诚。可是，很多人却忘了，吕布并非一个天生赢家，而伊布却无论身处何方，都在竭尽全力，为那里的球队建功立业。

正所谓得伊布者得天下，无论是在阿贾克斯、尤文图斯、国际米兰、巴塞罗那、AC米兰、巴黎圣日耳曼还是曼联，所到之处，伊布都为俱乐部带来了无数的冠军头衔，只是唯独缺少欧冠冠军的巅峰荣耀。

在离开巴黎圣日耳曼之际，伊布留下了那句经典的告别——来如国王，去如传奇。的确，在伊布每段难忘的足球时光里，他都用全力以赴的表现，让人们都把他视作家人，拥为国王。每次离开，都是一次传奇的谢幕，也是另一段传奇的开始。

曼联球迷也曾笃信，在老特拉福德，传奇还会继续，然而，欧联杯同安德莱赫特比赛中的重伤让开局的美好戛然而止。伤愈之后的伊布决定前往洛杉矶银河，这在很多人看来是一个"养老"的选择。然而，伊布在美国依然有着神勇发挥，神仙球屡屡上演，证明自己仍有足够实力征战欧洲主流联赛。回归AC米兰，尽管距他首次效力红黑军团已去8年，但39岁的他依旧是这里的王。

有些传奇还在续写，但有些记忆却已然成殇，瑞典足球的大旗，瑞典的金色战甲，已经和伊布缘到尽头。2016年的法国欧洲杯，伊布没有留下哪怕一粒进球，只留下了写满无奈的背影和面庞。

▲ 2016年5月14日，在巴黎圣日耳曼夺得法甲冠军的颁奖仪式上，伊布高举奖杯，在大巴黎效力的四个赛季，他帮助球队获得联赛四连冠。

　　十五年的时光，他十度获封瑞典足球先生，这样的成就，前无古人，恐怕短时间内也将后无来者。但闪耀的个人荣誉，却无法掩盖瑞典足球挥之不去的阴影。他是瑞典足球的旗帜，身负国家使命，却终究壮志难酬。这是命运的安排，很多人说，是瑞典足球配不上伊布，而伊布却说，他为成为瑞典队的队长以及所经历的一切而感到骄傲。瑞典不会再有下一个伊布，他是瑞典唯一的国王，这是瑞典球迷的深情告白。

　　伊布，永远是一个无法被定义的男人，也是一个自带光环的男人。关于他的一切爱恨，都是世界足球历史中独有的风景。

　　尽管马尔默球迷迁怒于伊布入股死敌哈马比而推到了他的雕像，但家乡依然坐落着一个以伊布名字命名的五人制足球场，那个地方，是他从小与足球为伴的地方。现在，无论日出，还是黄昏，有很多当地的孩子来到这里，享受足球。在这里，他们梦想成为下一个伊布，但或许，永远都不会再有下一个伊布。马中赤兔，人中伊布，只有这一个伊布。

△ 2016 年 8 月 7 日，在曼联同莱斯特城的社区盾杯比赛中，伊布终场前 7 分钟攻入制胜一球，帮助曼联 2 比 1 获胜。

▽ 2020 年 8 月 2 日，特殊赛季的最后一轮联赛，伊布独中两元，帮助 AC 米兰 3 比 0 完胜卡利亚里，成为意甲重启之后唯一保持不败的球队。

特里
蓝桥队魂

约翰·特里
John Terry

国籍：英国
出生地：巴金，英国
出生日期：1980年12月7日
位置：后卫
俱乐部：诺丁汉森林，切尔西，阿斯顿维拉
俱乐部进球数：68球/759场
国家队进球数：6球/78场

总有一首歌，能让你想起他

>>

歌名：Do I Have to Cry for You
歌手：Nick Carter

在橄榄球界，有这样一句针对足球的戏谑之言——足球是一项女孩的运动。但如果你真正看过约翰·特里踢球，你就会明白，他的足球很男人，足球本身也在成就男人。

就像亚当斯之于阿森纳，杰拉德之于利物浦，蓝军队魂特里就是当之无愧的切尔西先生。26号球衣，对于切尔西球迷而言，代表着铁血、忠诚、捍卫与永远。14岁那年，少年特里加入了切尔西青训营，22载光阴，蓝军的一切似乎都在改变，唯独那个蓝色已经深入骨髓的铁血特里不曾改变。

将身体不计后果地抛向空中，与对手贴身肉搏，刺刀见红，拯救球队于危难间，这几乎成为了特里独具特色的个人标签。

蓝军球迷不会忘记，2006/2007赛季联赛杯决赛，特里在禁区内舍身拼抢，不幸被阿森纳后卫迪亚比一脚正中面门，当场昏厥。那一刻，他的拼命三郎本色让他的生命岌岌可危，那一刻，全世界都在为他祈祷。特里对于那一天的记忆，因短暂失忆而残缺。但人们的记忆里，却充满着他的勇敢与刚强。那一天，他竟然短时间内就从医院回到了更衣室，与队友们一起庆祝夺冠。很多队员都说，这个奖杯是为特里而赢。

英格兰球迷同样不会忘记，2010年南非世界杯小组赛迎战斯洛文尼亚，在眼看无法阻挡皮球飞向球门的时刻，特里就像丢沙包一样，横身将自己的身体丢了出去，试图用血肉之躯阻挡皮球飞行的路线。尽管未能成功拦截，但全世界球迷都被他这壮士断腕般的豪迈所征服，这也成就了他职业生涯最为经典的一瞬。

特里的存在，让我们明白，有一种奋不顾身叫做约翰·特里。

特里是幸运的，因为他的每一次奋不顾身都在成就自己，更成就了过往属于切尔西的黄金十年。毫无疑问，特里就是蓝军历史上最伟大的队

▲ 2010年世界杯小组赛迎战斯洛文尼亚，特里将自己的身体像丢沙包一样丢了出去，试图用血肉之躯阻挡对方的射门。

长，他为球队所捧得的17座冠军奖杯便是明证。要知道，这些奖杯已经占据了切尔西百年历史荣誉的半壁江山。

2004/2005赛季，无疑是一切辉煌的起点。随着穆里尼奥空降斯坦福桥，特里迅速跻身世界顶级中卫的行列，整个英超赛季下来，特里领衔的防线仅仅丢球15个，如此后防用铜墙铁壁来形容亦恰如其分。切尔西50年未曾品尝过的英格兰顶级联赛桂冠，就这样在"特里一代"的身上从梦想照进现实。可是，所有人都知道，蓝军的梦想不止于此，欧洲冠军才是这一代切尔西球员梦寐以求的荣耀。

但这条路，却荆棘密布，甚至险些让特里抱憾终身。

2008年5月21日的莫斯科卢日尼基球场，是特里一生的伤心地。那一天，他只要罚进那个点球，切尔西便可以站上欧洲之巅，但胜利女神却在特里踢出皮球的瞬间，站在了曼联一边。脚底打滑，特里罚丢了点球。

▲ 2004/2005 赛季,随着穆里尼奥入主斯坦福桥,切尔西时隔 50 年再次获得英格兰顶级联赛冠军,特里也迅速跻身世界级中卫行列。

在那一刻,很多人说特里踢丢的不是点球,而是即将到手的欧冠奖杯。在那一刻,特里褪去坚强外壳,一个人,低着头,坐在卢日尼基的草皮上,任大雨倾泻而下拍打着身躯,在歉疚与不安中无声哭泣。后来,特里说,这段历史他现在也不愿提及,他常常会从噩梦中突然惊醒,梦里就是那个卢日尼基的雨夜。这种痛,他一生背负,似乎永无完结。

最终,命运还是对特里收起了残酷。四年之后的慕尼黑安联球场,尽管因为半决赛吃到黄牌而缺席欧冠决战夜,但特里的兄弟们为他拼下了这场救赎之战的胜利。特里说,那是他职业生涯最为美妙的一天。尽管他没有出场,但是队友还是把欧冠奖杯交到了他的手中,理由如此简单,因为他是蓝军队长,他是防线的基石,他是他的时代里最优秀的中卫之一。在蓝军球迷心中,"之一"这个字眼甚至从来就没有存在过。

同时,特里也是位不折不扣的带刀侍卫,屡屡在关键时刻为球队摧城

∧ 2007/2008 赛季欧冠决赛，在切尔西同曼联的点球大战中，特里脚底打滑罚丢了制胜点球，也踢丢了即将到手的冠军奖杯。在莫斯科的大雨当中，特里坐在草皮上垂头自责。

∨ 2012 年 5 月 19 日的慕尼黑安联球场，特里弥补了四年前痛失欧冠冠军的遗憾，终于登上欧洲之巅。

拔赛。他是切尔西历史上进球最多的后卫，也是英超历史上进球最多的后卫。安切洛蒂把特里称作队长中的队长，因为他总是对医生的建议置若罔闻，带着伤，咬着牙，为蓝军拼杀。一个欧冠冠军，是对特里最好的回报，特里已是切尔西球迷心中的完美先生。

但是，毫无疑问，特里不是完美的。"友妻门"丑闻险些让他身败名裂，他没有像在球场上那样，像个男人一样守护他的家庭。针对安东·费迪南德的种族歧视言论，更是让他失去了英格兰队的队长袖标，公众形象再遭重创。整个英格兰，充斥着对他的谩骂与嘲讽。"请让你的妻子远离特里"，这刺耳的歌声，传遍了整个英伦。

但是，唯独切尔西球迷依然对他们的队长不离不弃。这是一种不由分说的爱，没有理由，甚至抛弃原则。他们的道理很简单：场外的特里固然有错，但在球场上，他为蓝军倾尽一切。他们会一直守护特里，就像特里一直守护着球队。

然而随着年龄增长，状态下滑，特里逐渐开始沦为板凳席上的常客，传奇也终有落幕的那一天。2016/2017赛季英超最后一轮，切尔西队在第26分钟做出换人调整，蓝军全体球员列队向26号队长致敬，在全场球迷的掌声中，特里走完了他22年切尔西生涯的最后一程。从此，斯坦福桥将不会再有队长特里。他与佩戴了16年的队长袖标深情一吻，这是最后一吻，从此江湖再见。

再见时难别亦难。当转战维拉的特里选择在2018年秋天正式退役，他走过的那条蓝桥之路仿佛仍近在眼前。队长的旗帜会永远屹立，因为他有铮铮铁骨，因为他是铁血队魂。

他说，总有一天，他会回来，再次让爱他的人重温青春里的冠军纪念，那里有他战斗的每一寸光阴，那里有他挥洒的每一滴热血。他说，总有一天，他会回来，再次让世界明白，铁血是在捍卫信仰时把生死置之度外，铁血是让奋不顾身成为生命的常态。他说，他只为切尔西而流泪，总有一天，那泪水，也会随着流逝的光阴一起回来。那是过去的泪，是现在的泪，是永远为了信仰而留下的泪。

> 在球场上，特里为蓝军倾尽一切，切尔西球迷会一直守护特里，就像特里一直守护着球队。

皮尔洛
思行合一

安德烈亚·皮尔洛
Andrea Pirlo

国籍：意大利
出生地：布雷西亚，意大利
出生日期：1979年5月19日
位置：中场
俱乐部：布雷西亚，雷吉纳，国际米兰，
　　　　AC米兰，尤文图斯，纽约城
俱乐部进球数：73球/756场
国家队进球数：13球/116场

皮尔洛　思行合一

总有一首歌，能让你想起他

歌名：Shine Your Light
歌手：Robbie Robertson

"我思故我在"，这是法国哲学家笛卡尔留下的一个流传至今的哲学命题，时至今日，人们依旧对它所表达的核心思想存有不同的理解。但是，当这句话被改成"我思考，所以我踢足球"，却没有人对这句话的主人提出质疑，因为它来自一本自传的名字，自传的主人公叫安德烈亚·皮尔洛。

他就像足球场上的一位智者，任凭身边狂风骤雨，依旧闪耀着智慧的光芒，如同敌兵攻破城池，利剑抵到咽喉，却依然忘我地沉浸在学术思考中的阿基米德。思考，贯穿着皮尔洛的整个足球生涯，如果没有对人生的思考，年幼的安德烈亚也许会在父亲的斥责声中放弃对足球的执着。

当他穿上布雷西亚地区弗雷洛小镇少年队那件黄色的球衣，他的笑容

> 1994/1995赛季，皮尔洛在布雷西亚上演意甲首秀，那时的他才只有16岁。

2003年5月29日的老特拉福德球场,AC米兰通过点球大战击败尤文图斯夺得欧洲冠军杯,这是皮尔洛在俱乐部获得的第一座奖杯。

▲ 2006/2007 赛季欧冠决赛，AC 米兰成功复仇利物浦，上半场结束前，皮尔洛开出的任意球打在因扎吉身上变向入网，为米兰首开纪录。

里绽放着光芒。那时他并不知道，自己会成为让这座小镇引以为傲的两个名人之一，另一个是画家迪诺·德卡。可谁又能否认，皮尔洛同样是一位画家，他的双脚从这个只有不到一万人口的小镇开始，绘出了意大利足球最美丽的一幅画卷。

优越的家庭条件让皮尔洛有机会从小就能去不同的国家旅行，也让他和很多出身贫寒、希望靠踢球改变人生的孩子不同，足球对他来说，只是热爱，不是赚钱的工具。但这丝毫没有削弱他踢球的动力，16 岁时便在布雷西亚上演了意甲首秀，两年后加入豪门国际米兰。

那时的皮尔洛在前锋身后负责制造杀机，但在大牌云集的蓝黑军团，他很难获得出场机会，先后被租借到雷吉纳和老东家布雷西亚。在流离中，皮尔洛也收获了最宝贵的财富——与罗伯特·巴乔在布雷西亚并肩作战。从巴乔身上，皮尔洛学到了更多，让他在思考中适应更多的位置，也学会了那种优雅的领袖气质。

2001 年夏天，皮尔洛迎来了自己人生中重要的时刻，他重新回到圣西罗球场，只是身上的球衣改变了颜色，从蓝黑变成了红黑。那是一个日后很多年都被 AC 米兰球迷津津乐道的交易，在这里，他幸运地遇到了安切洛蒂。安切洛蒂将他的位置后撤到后腰区域，皮尔洛灵慧、沉稳的头脑再加上前期的磨练，使得这一改变立见功效。就像巴乔说过的，皮尔洛成为了意大利足球防守时铜墙铁壁上插着的那把锋利的尖刀，就像世人后来描述的，皮尔洛的改变也是世界足球发展中一次重要的变革。

被认可的喜悦无以复加，皮尔洛用稳定且出色的发挥回报着信任。2003 年 5 月 29 日的老特拉福德，AC 米兰时隔九年再次捧起了欧洲冠军杯，这也是皮尔洛在俱乐部获得的第一座奖杯；两天之后，AC 米兰击败罗马夺得意大利杯；三个月后的欧洲超级杯，皮尔洛再次和球队一起走上了领奖台。那是红黑军团又一个巅峰的起点。

即便米兰阵中拥有鲁伊·科斯塔、里瓦尔多和卡卡等多位中场大师，但皮尔洛的位置从未动摇过。细心的人会发现，作为球队获胜的功臣，每当庆祝的时候，皮尔洛总显得比身边的队友平静许多，就连摄像机镜头也很难捕捉到他狂欢的画面。但这就是皮尔洛，球场上的低调让人时时感觉到他的沉默，也许只有和他一起在场上并肩作战或是针锋相对过的人，才能体会到在他的沉默中蕴藏的巨大能量。

意大利球迷把曾经属于阿尔贝蒂尼的绰号送给了皮尔洛——"中场节拍器"，有人因为皮尔洛爱上了 AC 米兰，但也因为这份爱而在 2005 年的伊斯坦布尔之夜备受煎熬。皮尔洛的助攻成就了马尔蒂尼欧冠决赛最快也是最年长的进球纪录，但那一晚，奇迹属于红色的利物浦。点球大战中，皮尔洛迷失在了杜德克的门线舞蹈前。对手的欢呼就在耳畔，却仿佛远在天边，当整个球场被红色的潮水淹没，在白色的身影中，我们看到皮尔洛摘下了刚刚戴上的银牌，一如既往地沉默。

有人说，沉默的性格背后是皮尔洛冷静的头脑，是他敏锐的洞察和判断能力，他的传球如同一把锋利的匕首，一次次刺穿对手的防线。不仅如此，皮尔洛的任意球也越来越为人称道，无论是完美的弧线还是诡异的落

△ 2006年世界杯，正是皮尔洛打进了意大利队这届杯赛的第一球，蓝衣军团一步步抵达梦想彼岸。颁奖仪式上，皮尔洛忍不住向大力神杯送去一吻。

△ 2014 年 11 月 4 日，皮尔洛在同奥林匹亚科斯队的欧冠小组赛中率先进球，帮助尤文图斯主场 3 比 2 取胜。

叶，无论在俱乐部还是在国家队。

2004 年欧洲杯，尽管意大利队折戟小组赛，但皮尔洛个人经历了从替补到首发的蜕变，也奠定了未来十年蓝衣军团的核心地位，他与托蒂组成的前后双核驱动着蓝衣军团这辆强悍的战车。

2006 年世界杯小组赛首战加纳，正是皮尔洛打进了意大利在这届杯赛的第一个进球，开启了属于蓝色的梦想。半决赛面对东道主德国，格罗索沸腾的怒吼身后，是皮尔洛轻描淡写的致命传球；柏林奥林匹克球场的终极对决，马特拉齐扳平比分的头球之前，是皮尔洛开出的角球精确地找到了落点；点球大战，是皮尔洛最先走上前去面对挑战；而在格罗索一锤定音振臂呐喊的同时，皮尔洛和身边的卡纳瓦罗一跃而起的画面也永久留存。

在我们的记忆中，这似乎是皮尔洛仅有的如此纵情欢呼的时刻，这个时候，即使拥有再冷静的内心世界，也无法阻挡登顶世界的心潮澎湃。作为那届杯赛的铜球奖得主，庆祝中的皮尔洛很快又淹没在狂喜的队友中间，只有短短的一瞬，人们才发现，他在皮耶罗的背后偷偷拭去了激动的泪水，埋下头，然后融入柏林奥林匹克球场的梦境。

梦远未结束。一年后的雅典，与利物浦再次约战欧洲之巅，皮尔洛开出的任意球打在因扎吉身上变向入网，这把后腰位置上的尖刀再次出鞘。奥林匹斯山众神见证了米兰对红军的复仇之夜，两年前难以置信的梦魇，都随着马尔蒂尼高高举起的奖杯化作尘烟。

但在 2011 年夏天，俱乐部的决绝让皮尔洛无奈地离开 AC 米兰，留给红黑拥趸无限伤感。而都灵城则一片狂喜，中场大脑皮尔洛为孔蒂的铁血斑马带来了精致的气息，布冯把皮尔洛的签约加盟比作"世纪之签"，斑马军团的新生由此开启。皮尔洛在尤文图斯的四年里，球队四次问鼎联赛冠军。阿莱格里执教米兰时曾与皮尔洛交恶，在他后来转投尤文挂帅之后，也不得不低下头，承认皮尔洛的伟大。

越老越妖的皮尔洛在场上更加随心所欲，跑位、传控、调度都进入到一种收放自如的境界，睡眼惺忪中化繁为简，闲庭信步，让人不得不叹服他已修炼成精。当意大利足球陷入低谷，皮尔洛等一干老将支撑着亚平宁的脊梁。2012 年欧洲杯，他的勺子点球轻描淡写，将三狮军团斩落马下。但意大利却没能跨越四年前的老对手西班牙，皮尔洛眼含泪水望向德劳内杯，那是他唯一欠缺的荣誉。2014 年的巴西，皮尔洛与蓝衣军团再次迷失于南半球。

2015 年，他和尤文图斯重回柏林奥林匹克球场，在欧冠决赛的战场挑战霸主巴塞罗那，实力的差距只能让他又一次泪洒沙场。那也是他在欧洲中心舞台的最后演出，繁华落尽，洗却铅华，皮尔洛远赴纽约，平静地度过自己职业生涯的最后时光。

过往的 22 年，他就如同一位行走绿茵的游吟诗人，浪漫随性，诉说自己对足球的款款深情；过往的 22 年，他就如同一位天马行空的写意画家，轻描淡写，描绘艺术足球的色彩斑斓；过往的 22 年，他就如同一位波澜不惊的指挥大家，从容自若，引领足球艺术的华美交响。

皮尔洛的足球，是双脚的艺术，更是思想的交汇。思与行，合而为一。

坚如磐石

里奥·费迪南德

里奥·费迪南德
Rio Ferdinand

国籍：英国
出生地：坎伯韦尔，英国
出生日期：1978 年 11 月 7 日
位置：后卫
俱乐部：西汉姆联，伯恩茅斯，利兹联，曼联，女王公园巡游者
俱乐部进球数：13 球 / 709 场
国家队进球数：3 球 / 81 场

总有一首歌，能让你想起他

歌名：The One
歌手：Kodaline

  在英超的历史中，费迪南德是一个显赫的姓氏。莱斯·费迪南德是英超早期著名射手，以 149 粒进球至今仍排在英超历史射手榜第 10 位。安东·费迪南德是英超赛场发挥稳定的后卫，曾在西汉姆联和女王公园巡游者队担任队长。而里奥·费迪南德——莱斯的堂弟、安东的亲兄长，显然是费迪南德家族中最成功的一位。他和维迪奇组成了英超史上第一中卫搭档，在巅峰时期默契无敌；他拥有 6 座英超冠军奖杯，填补了费迪南德家族荣誉室的空缺；他还有 81 次代表英格兰队出场的经历，也曾担任三狮军团的队长和领袖。里奥·费迪南德，一位在英伦赛场闯荡多年，荣誉满贯，始终坚如磐石的伟大中卫。

  在中卫这个位置上，成为世界级巨星并不容易，身高、力量、速度、技术、经验，这些通往成功的要素缺一不可。其实，里奥·费迪南德的足球生涯是从攻击型中场的位置开启的，那时在少年队中，人们喜欢称他为"贝利"，这也是后来里奥被公认为技术最好的中卫的原因。大概在 11 岁的时候，教练认准了他在中卫位置上更具天赋，于是里奥开始退居后场，从此以全新身份走向世界。

  里奥·费迪南德的足球生涯起步于西汉姆联青训，那是英格兰足坛著名的球星加工厂。在与他年龄相近的几批西汉姆青训产品中，还出现了兰帕德、卡里克、乔·科尔、迪福等日后大名鼎鼎的英格兰国脚，那是西汉姆青训史上的一代杰作，这批年轻人曾经肩负着铁锤帮复兴的希望。

  17 岁就踏上英超赛场的里奥·费迪南德年少成名，他被很多西汉姆球迷称作"新博比·摩尔"——摩尔是同样出自西汉姆联队的后卫，也是 1966 年为英格兰队捧起世界杯的伟大队长。里奥在人们的期待中成长，19 岁就随三狮军团登上 1998 年世界杯的舞台，但他们这一代出众的球员，也像其他球星加工厂的天才们一样，短暂相聚后很快便天各一方。兰帕德和乔·科尔在切尔西达到了巅峰，卡里克在曼联取得了非凡成就，迪福在热刺也威风八面，里奥则在 21 岁时以 1800 万英镑的高价转投青年近卫军利兹联，成为了当时世界足坛身价最高的后卫。

在埃兰路球场，里奥·费迪南德很快成为球迷新宠，他在 22 岁就成为了球队队长，而杀入欧冠四强的傲人战绩让这支年轻的球队名震四方。不过，里奥在白玫瑰只效力了短短一年半时间，由于俱乐部出现财政危机，不得不卖出里奥·费迪南德等球员以缓解压力。

2002 年夏天，里奥走出了自己足球生涯最重要的一步，他以创英格兰球员转会纪录的身价加盟曼联，并从图拉姆手中夺回了世界最高身价后卫的名号。在老特拉福德，里奥·费迪南德的第一个赛季非常完美，他作为主力中卫第一次尝到了英超冠军的滋味，那不仅是他个人的荣耀，更是费迪南德家族追求多年而无法实现的梦想。里奥身材修长、高大，在拥有着绝对力量和速度的同时，也拥有同位置球员很难具备的技术，而他只有 24 岁，前途无法估量。

就在一切看起来那么完美的时候，2003 年 9 月意外错过药检让他陷入了职业生涯最低谷，长达 8 个月的禁赛不仅让他错过了 2003/2004 赛季的大部分比赛，也让他错过了 2004 年欧洲杯。在这段低谷期，年轻的里奥第一次尝到了人生的冷暖悲苦，他默默地等待一个机遇，能让自己在最低点蓄势而发，东山再起。

2005/2006 赛季，这样的奇迹时刻终于出现。在英伦寒冷的冬夜上演的双红会中，里奥·费迪南德第 91 分钟的神奇绝杀让他成为主角，他在老特拉福德疯狂庆祝的场面令人记忆犹新。那是那年冬天，或者说是那几年中，曼联在低迷状态下少有的激情爆发。

就在里奥完成绝杀后两天，曼联从莫斯科斯巴达引进了名不见经传的塞尔维亚中卫维迪奇，当时没有人会想到，英超历史上最成功的一对中卫组合就这样悄然拉开了征服的序幕。布鲁斯和帕利斯特，海皮亚和亨克兹，特里和卡瓦略，英超史上不乏出色的中卫搭档，但没有一对组合能像里奥·费迪南德和维迪奇那样取得超凡荣誉。他们一起搭档 8 年，开创了

里奥·费迪南德　坚如磐石

△ 2000/2001 赛季欧冠 1/4 决赛第一回合，利兹联队主场 3 比 0 完胜拉科鲁尼亚，里奥·费迪南德攻入一球。那个赛季，主打青春牌的利兹联闯入欧冠四强，名震四方。

▽ 2006 年 1 月 22 日上演的英超双红会中，曼联在老特拉福德 1 比 0 力克利物浦，费迪南德第 91 分钟奉献头球绝杀。

▲ 2011 年 5 月 14 日，曼联客场 1 比 1 战平布莱克本，锁定联赛冠军。里奥·费迪南德同维迪奇共同庆祝夺冠，两人堪称英超历史第一中卫组合。

红魔又一个成功的时代。当他们在 2014 年双双离开的时候，曼联曾经的辉煌也随着这个时代一同落幕。里奥的技术能力出色，进攻则是他相对的短板，而维迪奇头球能力不俗，攻击属性更强，两人实现了最大程度的互补，曼联的中卫搭档从此几乎毫无弱点，护佑曼联重登巅峰。

经历了坎通纳时代和 92 班时代的辉煌后，弗格森的红色帝国打造出第三代成功的红魔团队，主力阵容以 C 罗和鲁尼双子星领衔锋线，费迪南德、维迪奇、埃弗拉和范德萨镇守后防。他们在四年无缘英超冠军的隐忍中爆发，终于在 2007 年从切尔西手中夺回英伦霸主地位，并在 2008 年那场欧冠决赛的英伦德比中再次让蓝军俯首称臣。费迪南德以队长身份高举欧冠奖杯的一幕，长留在曼联史册中，那是弗格森时代的第二座欧冠奖杯，红魔又一次在欧洲舞台笑傲群雄。紧接着，曼联又完成了英超三连冠，复制了英超历史中只有他们自己取得过的成就。而且，在拿到欧冠冠军后的三

▲ 2007/2008 赛季欧冠决赛，曼联在英伦德比中力克切尔西，再登欧洲之巅，费迪南德以队长身份高举冠军奖杯。

个赛季中，曼联又两次杀入决赛，他们还超越了利物浦 19 次夺冠的纪录，成为夺得英格兰顶级联赛冠军最多的球队，一时风光无两。

然而，费迪南德的巅峰岁月虽长达十几年，却从未随三狮军团有所成就。他身边的搭档无论是坎贝尔还是特里，都是世界足坛显赫一时的中卫，但都无法在世界大赛中护佑英格兰队走到最后。里奥与特里这对曾被寄予厚望的组合，也因为特里与里奥的弟弟安东在赛场发生冲突而分崩离析。两人曾先后担任三狮队长，却是形同陌路，英格兰足球人才辈出的一个时代就在这样的混沌局面下走向了终点。

从弗格森爵士在 2013 年突然宣布退休的那一天起，曼联的灵魂就消失在了迷茫和困顿中，他们仿佛还沉浸在往事中无法自拔，再也未能回到巅峰。费迪南德打进了弗格森时代老特拉福德的最后一个进球，以这种特殊的纪念方式送别恩师。

一年后，里奥·费迪南德也结束了自己12年的红魔生涯。职业生涯后期，随着年龄的增长，里奥在场上走神的缺点被无限放大，他不再是那个享誉英伦的超级中卫，不再是那个世界最高后卫身价的创造者。在女王公园巡游者队，他度过了短暂的一个赛季，在36岁时宣告退役，英格兰足坛的一段中卫传奇就此落幕。

退役后的费迪南德担任起了足球转播嘉宾，西装革履的他依然激情不减，他在演播室中疯狂庆祝的场面时常占据热搜榜头名。点评犀利、情感真实，这是大多数人对评论员里奥·费迪南德的最深印象。不知他在盛赞梅西的又一次神奇表演或是C罗的又一粒里程碑进球时，有没有那么一瞬间会回想起当年的自己——曾横亘在年轻时的绝代双骄身前与背后的坚固磐石！

◁ 2002年世界杯1/8决赛，英格兰队3比0轻取丹麦晋级八强，里奥·费迪南德开场仅5分钟便为三狮军团拔得头筹。

"魔兽"无敌

德罗巴

迪迪埃·德罗巴
Didier Drogba

国籍：科特迪瓦
出生地：阿比让，科特迪瓦
出生日期：1978年3月11日
位置：前锋
俱乐部：勒芒，甘冈，马赛，切尔西，上海申花，加拉塔萨雷，蒙特利尔冲击，凤凰重生
俱乐部进球数：297球/679场
国家队进球数：65球/105场

总有一首歌，能让你想起他

歌名：If Everyone Cared
歌手：Nickelback

　　穆里尼奥说，如果他只能带一个人上战场，他会毫不犹豫地选择德罗巴，他想和这个梦幻般的男人在一起。德罗巴在他眼中，是真正的男人，是真正的战士。

　　当年，魔兽栖身马赛，穆里尼奥就曾告诉他："等我有了钱，我一定会买你。"二人相视而笑，一个眼神胜过千言万语。后来，穆里尼奥兑现了自己的承诺，在他成为切尔西主帅后，他买下了德罗巴。"在别人手下，你是个好球员，但只有在我手下，你才能变得伟大。"穆帅的这番话，坚定了德罗巴的未来，蓝血魔兽情归蓝桥。

　　来到切尔西训练基地的第一天，德罗巴就闹了笑话，他指着一个年轻小伙子问道："这家伙是刚刚从青年队升入一线队的新球员吗？"众人哄堂大笑，德罗巴口中的年轻人不是别人，正是队长特里。那个时候，谁能想到，这个莽莽撞撞的愣头青有朝一日会成为比肩特里的蓝军传奇。

　　初来乍到的日子，德罗巴并非斯坦福桥的宠儿，身高体壮的他在对抗中频频倒地，一度让他被贴上了"软蛋""假摔"这样的标签。在切尔西的处子赛季，嘘声是德罗巴的亲密敌人，媒体都认为阿布的钞票打了水漂。但穆里尼奥却在德罗巴的艰难岁月扔下一句掷地有声的回应："等德罗巴离开斯坦福桥时，你们再来评判吧。"

　　知遇之恩，当涌泉相报，德罗巴没有让穆帅失望。2004/2005 赛季联赛杯决赛，德罗巴关键进球斩杀利物浦，球队如愿捧杯。2005 年的社区盾杯，德罗巴不讲理地强行碾压森德罗斯，一人独中两元，就此开启阿森纳克星的无敌模式。德罗巴跟随切尔西拿下英超两连冠，风光无限。但我们不得不承认，那时的德罗巴距离穆里尼奥期许的伟大，依然任重道远。

　　金子总会发光，天才终会蜕变。2006/2007 赛季，魔兽终于挣脱了禁锢的牢笼，穿上了英超金靴。他各项赛事入账 33 球，这比过去两个赛季

◁ 2005 年 5 月 7 日，切尔西在斯坦福桥举行英超冠军颁奖仪式，德罗巴带着自己的两个孩子共享荣耀时刻。

▽ 2006 年 10 月 31 日，切尔西在欧冠小组赛中客场挑战巴塞罗那，德罗巴伤停补时阶段拯救球队，使得切尔西 2 比 2 逼平巴萨，教练席旁的穆里尼奥一跪惊天下。

他的总进球数还要多。

还记得德罗巴滑跪庆祝的霸气印迹吗？在古迪逊公园，他打进了那个气贯长虹的夺命凌空斩。还记得德罗巴在诺坎普伤停补时的关键进球吗？那一次，穆里尼奥在替补席旁一跪惊天下。还记得足总杯决赛对红魔的激情绝杀吗？那是德罗巴送给穆里尼奥最后的礼物，因为，在不久的将来，穆里尼奥将离他而去。由于迟迟无法拿到老板阿布梦寐以求的欧冠冠军，穆里尼奥在 2007/2008 赛季初被迫离开。告别的时刻，德罗巴哭了，穆里尼奥哭了。德罗巴说，穆里尼奥给了他前所未有的机会，是他创造了另一个德罗巴。

上帝是位天才导演，穆里尼奥离开，切尔西却在救火教练格兰特的率领下，意外杀入那个赛季的欧冠决赛。但毫无疑问，对于德罗巴而言，那是一次痛彻心扉的回忆，不仅因为他在加时赛掌掴维迪奇染红离场，更因为那段时间，他的祖母即将撒手人寰。他没能为祖母赢下那座奖杯，没能为切尔西夺得那座奖杯。在那个苦涩的莫斯科雨夜，在走下场的一刻，德罗巴暗自起誓，他一定要为切尔西拿到一座欧冠奖杯，做不到，他便不会离开。

随后的四年，那无声的誓言每天都在敲打德罗巴奋斗的意志。四年里，他再度斩获英超金靴，屡次扮演关键先生，魔兽威名响彻天下。但是欧冠之殇，似乎让他与伟大依然咫尺天涯。

2008/2009 赛季欧冠半决赛，伊涅斯塔终场绝杀，切尔西被拒之决赛门外，愤怒的德罗巴因为不满主裁判赫宁的多次争议判罚，在赛后冲着镜头怒吼："这是彻头彻尾的耻辱！"即便因此遭遇禁赛，德罗巴依然无悔当时所做的一切。他不为此感到骄傲，但也绝无后悔，这就是德罗巴。可是，结果无从更改，欧冠，是一层德罗巴必须捅破的窗户纸，那无声的誓言需要在某一天变得掷地有声。

2012 年 5 月 20 日的慕尼黑安联球场，那一天终于来了，这一次誓言不再无声。再次站在欧冠决赛的舞台，德罗巴说，他就没有想象过失败的样子。即使穆勒在第 83 分钟打进一粒准绝杀进球，但德罗巴用第 88 分钟

▲ 2011/2012 赛季欧冠决赛,德罗巴终场前两分钟一记强有力的头球破门,帮助切尔西 1 比 1 追平拜仁慕尼黑。

▽ 德罗巴标志性的激情滑跪庆祝在安联球场上演,他成为了切尔西的关键先生,挽狂澜于既倒。

∧ 在点球大战中，德罗巴又罚中制胜一球。四年前丢失的欧冠奖杯，德罗巴亲手将它夺了回来。

▲ 德罗巴从来不会忘记自己根在何方，他是科特迪瓦的民族英雄，他也利用自己的影响力为祖国争取和平。

的暴力头槌力挽狂澜。莫斯科的雨夜，德罗巴红牌加身，慕尼黑的夜晚，魔兽拒绝悲剧，挽球队于既倒。

双方战至点球大战，德罗巴获得了一锤定音的机会，那是他职业生涯最重要的时刻，没有之一。一脚天堂，一脚地狱，幸运的是，在德罗巴射出皮球的一霎，地狱关上了门，安联球场变成了德罗巴欢庆的天堂。四年前丢失的欧冠奖杯，德罗巴亲手将他夺了回来。没有比这更完美的救赎方式，也没有比这更完美的告别方式，德罗巴要走了。

德罗巴上一次为离别而哭，是因为穆里尼奥。这一次他又哭了，是因为他自己要离开。带着骄傲，带着不舍，德罗巴要去迎接一段未知的旅程。他告别时红着眼眶："一日为蓝，终生为蓝，但愿后会有期。"蓝军之于魔兽，后会永远有期。

辗转中国、土耳其之后，2014/2015 赛季，德罗巴回家了。一年前，穆里尼奥已经回家。此番师徒二人再聚首，共同续写那段情思绵长的蓝桥遗梦。魔兽不再进球如麻，但于球队而言，他依然是不可或缺的精神领袖，他和恩师穆里尼奥为切尔西带回了英超桂冠。最后一个主场，当魔兽被换下，队友们将他高高抬起，在那一刻，德罗巴就是斯坦福桥万人景仰的国王。

颁奖仪式后，穆里尼奥将奖杯上的王冠摘下，戴在了德罗巴的头上。来时，他锋芒初露，去时，他君临天下，就像看台上的横幅所描述的那样：红尘来去匆匆，传奇留作永恒。在美国度过三年半的时光之后，已过不惑之年的德罗巴最终停下了奔跑的脚步。

德罗巴从来不会忘记自己根在何方，他的生命有一半属于斯坦福桥，有一半属于科特迪瓦。他是切尔西人，他更是科特迪瓦人。当科特迪瓦队历史性地杀入 2006 年德国世界杯，德罗巴带领队友集体下跪，恳请科特迪瓦政府军与反对派放下武器，重新选举。而在此前，他已经不顾阻挠，来到反对派占领区与那里的人们见面。德罗巴以足球换来了祖国和平，这是一个足球的奇迹。

德罗巴用漫长的职业生涯演绎了我们在少年时曾为之倾慕的一种英雄主义，二十载球场风云际会，唯见魔兽吞风吻雨，霸气未已。而当狼烟散去，那个真实的魔兽怀抱着款款柔情，守护着恩泽厚重的师徒情缘，一日为师，一生相知；那个真实的魔兽从未割舍过追寻和平的家国情怀，赤胆忠心，今生不改；那个真实的魔兽始终流淌着一生为蓝的球场铁血，任往事浮华，信仰如初。

当英雄梦醒，重回匆匆那一年，重回某个球场的某片角落，魔兽狂奔，双膝掠草，这身影已成昨日相识，而他留在草皮上的印痕依然如新，如同他从未冷却的战斗热血和那段意犹未尽的魔兽传奇。

天生门神
布冯

詹路易吉·布冯
Gianluigi Buffon

国籍：意大利
出生地：卡拉拉，意大利
出生日期：1978年1月28日
位置：门将
俱乐部：帕尔马，尤文图斯，巴黎圣日耳曼
俱乐部出场次数：916场
国家队出场次数：176场

总有一首歌，能让你想起他

＞＞＞

歌名：Almost Lover
歌手：A Fine Frenzy

  当他张开双手，便亮出一块坚不可摧的盾牌；当他伸出双臂，便筑起一道无法攻克的城墙；当他纵身跃起，时间仿佛都在他的身边放慢脚步；当他站立门前，又有哪个对手不会望而生畏？

  神话中圣山的入口，总会有一尊顶天立地的雕像，身披铠甲手扶长剑，守护着神圣之地。如果亚平宁足球是那片不可侵犯的圣地，詹路易吉·布冯就是在风霜雪雨中永久伫立的那尊守卫神像，不可逾越。

  13岁初到帕尔马，小布冯从中场开始了球员生涯，一年后，由于一场比赛前队里两名门将全部受伤，他戴上手套客串门将。仿佛命中注定，这双手套从此伴随了他整个职业生涯，身后的球门成为他终生护佑的圣坛。

  1995年11月19日，布冯生命里的又一个神奇契机，帕尔马主力门将布奇受伤，主帅令人意外地跳过第二门将尼斯塔，让年仅17岁的布冯初次登上了意甲赛场。面对叱咤欧陆的AC米兰，面对巴乔、维阿、马尔科·西蒙尼的轮番轰炸，布冯处变不惊，让成名已久的巨星们无功而返，17岁的少年一战成名。接下来的一年，布冯又一跃成为帕尔马的第一门将。

  1997年10月29日，冰天雪地的莫斯科，为意大利与俄罗斯的世界杯预选赛附加赛增添了惨烈的气息。帕柳卡的受伤让布冯再次临危受命，当坎切尔斯基踢出的皮球呼啸而至，布冯力挽狂澜，随即仰天长啸。当他日后的近20年一次次救蓝衣军团于危难之中，人们似乎都会回想起那个风雪交加的夜晚，那个屹立在门前的少年。

  当年的帕尔马寄托着很多中国球迷美好的回忆，布冯与卡纳瓦罗、图拉姆、克雷斯波、贝隆、奥尔特加一起，在亚平宁和欧洲赛场刮起了一股不可阻挡的风暴，连夺意大利杯、联盟杯和意大利超级杯的冠军。

  俱乐部中的突出表现让布冯占据了国家队主力门将之位，但是，就在

布冯　天生门神　　　　　　　　　　　　　　　　　　　　Gianluigi Buffon

∧ 1998/1999 赛季欧洲联盟杯决赛，帕尔马 3 比 0 完胜马赛夺冠，在克雷斯波为球队首开纪录之后，布冯张开双臂激情庆祝。

∨ 2002 年世界杯 1/8 决赛，韩国球员安贞焕在加时赛中金球绝杀意大利，布冯坐在球门里难掩失望。

< 2006 年世界杯，布冯把守的球门固若金汤，柏林奥林匹克球场成为他圆梦之地，28 岁的意大利门神终于亲吻到了大力神杯。

2000 年欧洲杯前,由于在热身赛中意外受伤,他的首次大赛出场再度推迟,也成就了圣托尔多的神奇表演。当时,托尔多是布冯最有力的挑战者,两人的竞争也延续到了俱乐部。一年后,托尔多被国际米兰招至麾下,布冯也穿上了尤文战袍。2001/2002 赛季,尤文和国际的意甲争霸同时也是布冯和托尔多的个人对抗,最终,斑马军团最后一轮戏剧性反超国际米兰夺冠,布冯第三次成为意甲年度最佳门将。

那是布冯飞跃的年代,也是他追求更高目标的年代。2002 年世界杯,布冯终于亮相国际大赛,1/8 决赛对阵东道主韩国,他扑出了安贞焕的点球,却没能在难以言喻的逆境中挡住同样来自安贞焕的绝杀。2002/2003 赛季欧冠决赛,老特拉福德梦剧场,布冯梦幻般地挡出了因扎吉势在必进的头球,将比赛拖入点球大战。12 码决战,他扑出了西多夫和卡拉泽的点球,但舍甫琴科的终极一击让他梦碎。

黎明前的那段时间是最黑暗的,真正的光芒终于在 2006 年的夏天到来。在德国世界杯中,布冯把守的球门仅有两次失守,决赛鏖战至加时,他还挡住了齐达内近在咫尺的头球,这是蓝衣军团最终加冕的关键一扑。当布冯纵身一跃而起的瞬间,周围的一切仿佛凝固,当他降落地面,意大利的城池安然无恙。经过惊心动魄的点球大战,柏林奥林匹克球场成为他圆梦之地,28 岁的布冯终于傲视群雄。不过,四年后的南非,布冯因伤只踢了 45 分钟的比赛,卫冕冠军尴尬地小组赛即遭淘汰。

2011/2012 赛季,布冯迎来了自己职业生涯的又一个高点,尤文图斯也知耻后勇,以赛季不败的惊人成绩,获得了电话门后的第一个意甲冠军。还记得 2012 年 8 月 11 日的鸟巢吗?尤文 4 比 2 击败那不勒斯,在中国球迷面前收获意大利超级杯,那是皮耶罗离开后,布冯第一次作为队长高举奖杯,无论在俱乐部还是国家队,他都成为了真正的精神领袖。

只不过遗憾的是,布冯接连与欧冠奖杯擦肩而过。2015 年,在 9 年前曾经高举大力神杯的柏林奥林匹克体育场,布冯和他的球队没能抵挡住 MSN 领衔的巴萨的强大攻势,斑马军团距离伟大的复兴只差一步之遥。两年之后,尤文再度闯入欧冠决赛,这一次,布冯倒在了 C 罗统领的银河

布冯 天生门神　　　　　　　　　　　　　　　　Gianluigi Buffon　　| 163

▲ 布冯和卡西利亚斯，门将世界的绝代双骄。2012年欧洲杯决赛之后，英雄惜英雄，两人深情相拥互致敬意。

∧ 2016年欧洲杯1/4决赛，意大利点球大战被德国队淘汰，这是布冯的最后一场欧洲杯，情难自已的他泪洒赛场。

∨ 2019/2020赛季，尤文图斯获得史无前例的意甲九连冠，42岁的布冯与35岁的C罗举杯合照，两位年龄相加77岁的"小将"共在世界足坛赢得过57座冠军奖杯。

战舰的凌厉进攻之下。先后 3 次闯入决赛，3 次与冠军失之交臂，未能捧起过欧冠奖杯，这始终是布冯职业生涯最大的遗憾之一。

最近两个赛季的欧冠赛场，布冯都是止步十六强。2018/2019 赛季，布冯暂别尤文转投巴黎圣日耳曼，大巴黎在大好形势下主场被曼联神奇逆转。一个赛季后，布冯重返尤文，斑马军团又在主场被黑马里昂淘汰。尽管 42 岁的布冯已同尤文续约到 2021 年夏天，但留给他圆梦的机会已所剩无多。

布冯的另一大缺憾来自欧洲杯赛场，2012 年欧洲杯，意大利队闯入决赛，但正处王朝巅峰的西班牙队强大得无懈可击，一场 0 比 4 的完败让蓝衣军团徒呼奈何。四年后的法国欧洲杯，38 岁的布冯是平民化意大利队中的最大明星，蓝衣军团快意恩仇，1/8 决赛淘汰了卫冕冠军斗牛士军团。同德国队的 1/4 决赛点球大战，尽管布冯扑出了穆勒的点球，而且几乎每次扑救都判断对了方向，但时间在他身上留下的那细微的烙印，也正是他的手指与皮球之间那细微的距离。

经历过无数胜与败的布冯，从未让人看到过他哭泣，但点球憾负出局之后，他转过身，拭去了眼角流下的泪水。从那一刻起，在欧洲杯的赛场，布冯的名字成为了一个永恒的丰碑。

那是蓝衣军团的至暗时光，2018 年世界杯预选赛，意大利队无缘决赛圈，布冯赛后接受采访时再次泪洒当场，对于大多数球迷来说，这是他们从初识布冯起第一次看到他无缘世界杯。泪别欧洲杯已足够令人叹息，而这一次，布冯甚至没有机会让眼泪成为征战世界杯的最后留念，一段跨越 20 年的蓝衣传奇落下帷幕。

一个个瞬间让布冯注定成为门将的标杆，从天才少年到一代传奇。直到某一天，人们突然发现，被拿来与布冯相比的门将已经换了一代又一代，德国从卡恩变成诺伊尔，西班牙从卡西利亚斯变成德赫亚，法国从巴特斯变成洛里。当那些曾与布冯在门将世界里华山论剑的英雄们解甲归田，当那些曾经仰望着布冯背影的孩子们成长为他的对手，只有他，詹路易吉·布冯，还像那尊永不磨灭的神像一般站在那里，守护神圣之地。即便挑战者众多，他们也会在开战前，先怀着崇敬之心真诚膜拜对面的那个他。

典型中锋

特雷泽盖

大卫·特雷泽盖
David Trezeguet

国籍：法国
出生地：劳恩，法国
出生日期：1977年10月15日
位置：前锋
俱乐部：普拉滕塞，摩纳哥，尤文图斯，大力神，巴尼亚斯，河床，纽维尔老男孩，浦和红钻
俱乐部进球数：273球/555场
国家队进球数：34球/71场

特雷泽盖　典型中锋　　　　　　　　　　　David Trezeguet　|　167

总有一首歌，能让你想起他

歌名：Home
歌手：Westlife

2014 年 1 月 5 日，尤文图斯竞技场里没有大战在即的硝烟，却被温馨填满。一个熟悉的身影回到这里，大卫·特雷泽盖再次踏上属于斑马军团的球场，但这一次不是作为球员出场比赛，而只是来向这里的人们告别。

17 号球衣被风衣取代，但黑白色的 17 号却印在他的心里，也印在每一个球迷的记忆里。目光轻轻抚摸过这里的每一寸草皮，每一张座椅，只为穿越时间的屏障，触碰到 14 年前自己那张清瘦的面庞。时间的隧道里闪过一个个属于特雷泽盖的故事，那是一段段属于青春的故事。

出生在法国的大卫年幼时就跟随父亲来到阿根廷，潘帕斯草原记录着他最初的足球岁月，但直到回到法国，他的故事才为人们所熟知。1997 年，摩纳哥队赢得法甲冠军，年轻的特雷泽盖初试莺啼，那年夏天的世青赛上，他开始大放异彩，凭借 5 个进球和 3 次助攻成为法国队内第一射手。接下来的赛季，41 场比赛 24 个进球的成绩单让特雷泽盖成为了法国足坛最引

> 1998 年世界杯小组赛，法国队 4 比 0 轻取沙特，法国"双子星"表现抢眼，特雷泽盖有一球进账，亨利则独中两元。

人瞩目的新星，一个典型的禁区杀手，一个典型的中锋飞速成长。

1998 年的法兰西之夏，特雷泽盖在对沙特的比赛中上演了世界杯首秀，也打进了自己在世界杯赛场的第一个、也是唯一一个进球。当然，球迷印象更深的是同意大利队的 1/4 决赛，在点球大战中，亨利躲在他身后不敢直视的画面。两个好友，一个镇定，一个顽皮，就像球场上的他们，一个如山，一个如风。而当队长德尚高举金杯，特雷泽盖早已泪流满面，他那高大身材的掩映之下，却是一颗细腻而柔软的心。

2000 年欧洲杯，鹿特丹残阳如血，决赛再次面对意大利，特雷泽盖金球绝杀，脱衣狂奔。世纪之交，他用那样一个载入史册的进球让法国队在赢得世界杯后，又站在了欧洲之巅。

难以置信的是，绝杀意大利后不久，特雷泽盖就来到了意大利，穿上了尤文图斯的战袍，一穿就是十年。2001/2002 赛季最后一轮，正是特雷泽盖的进球为球队打开了胜利之门，伴随着国际米兰折戟罗马奥林匹克球场，尤文图斯击败乌迪内斯逆转获得冠军。特雷泽盖也拿下联赛最佳射手，成为赛季最佳外援、最佳球员，红透了整个都灵城的天空。

失意韩日世界杯后，特雷泽盖再次帮助尤文拿到联赛冠军，在欧冠的赛场上，他的进球更是个个珍贵。半决赛激战银河战舰，特雷泽盖主客场各下一城，为球队奠定胜局。与 AC 米兰决战老特拉福德，一场消耗战后，点球大战考验着双方球员消磨殆尽的体能与意志，但这一次，特雷泽盖的点球被迪达挡在门线外。这是特雷泽盖与欧冠奖杯距离最近的一次，欧冠冠军的缺失也成了他职业生涯的唯一缺憾，也是他点球梦魇的开始。

2004/2005 赛季，因伤缺席了大半个赛季的特雷泽盖在与 AC 米兰争冠的白热化阶段，爆发出最强的力量。第 35 轮的天王山之战，特雷泽盖接到来自皮耶罗的倒钩传中，一"头"定乾坤。在尤文球迷的心中，黑白色的历史上，来自法国的第一英雄是普拉蒂尼，特雷泽盖则向着前辈的目标在不断迈进。2005 年 11 月 3 日，在同拜仁慕尼黑的欧冠小组赛中，特雷泽盖独中两元，在帮助球队 2 比 1 取胜的同时，也以 106 球的数据超越了普拉蒂尼在尤文攻入的 104 球。

特雷泽盖　典型中锋　　David Trezeguet

∧ 2000年欧洲杯决赛，特雷泽盖禁区内凌空抽射，法国2比1绝杀意大利。

＞ 进球后的特雷泽盖脱衣狂奔庆祝，这是一个永载世界足球史册的金球。

∨ 特雷泽盖和队友围着德劳内杯合影，在世纪之交，法国队赢得世界杯后又站在了欧洲之巅。

∧ 2005 年 5 月 8 日,尤文图斯同 AC 米兰的意甲争冠天王山之战,特雷泽盖接皮耶罗的倒钩传中,一"头"定乾坤。

∨ 2006 年世界杯决赛,在同意大利队的点球决战中,特雷泽盖主罚的点球被横梁无情拒绝。

作为传统型中锋,那是特雷泽盖最为成熟的年代,他征服过安切洛蒂、里皮和卡佩罗,却唯独没有征服多梅内克。在多梅内克打造的阵形中,特雷泽盖的作用并不凸显。2006年世界杯,他只登场三次,总时间不足105分钟,没能取得进球。

与六年前的对手意大利再次相逢决赛,僵持之下,多梅内克似乎希望复制勒梅尔的奇迹,他在加时赛中接连换上特雷泽盖和维尔托德。只是这一次,柏林不相信奇迹。横梁挡出了特雷泽盖的点球,那一瞬间,沸腾了罗马,寂静了巴黎。好友亨利紧紧的拥抱无法化解他心中的自责与失落,踢飞点球,踢飞了再次捧起世界杯的机会,特雷泽盖望向远处,用含泪的目光去抚摸金杯,法国队的球衣也随着模糊的视线与特雷泽盖渐行渐远。

那个夏天,电话门事件让尤文图斯降入乙级,特雷泽盖与皮耶罗、内德维德和布冯支撑着斑马军团的脊梁,不离不弃的信念让他们一年后强势回归意甲。当迎来效力尤文的第十个年头之时,特雷泽盖也打破了西沃里在斑马军团创造的外援进球纪录。只是这时的尤文图斯复兴之路未尽,特雷泽盖却已经巅峰不再。

告别尤文之后,特雷泽盖在西甲大力神队度过了一个赛季,2011年冬日,游子返乡,他返回自己成长的故土,加盟了仍处乙级的阿根廷河床队,也逐渐远离了球迷的视野。

2015年初,就在好友亨利宣布退役后一个月,37岁的特雷泽盖结束了自己驰骋球场的岁月。也许是命运的巧合,曾经的摩纳哥双子星在一个多月的时间里相继告别,足球让人无法不回想起这段故事的开始。

故事里,年少的他们一同追梦,一起用年轻的力量征服欧洲与世界,又在失意时相互扶持。故事里,曾经,他们一个如风,一个如山。也许,没有了风的陪伴,高山也会感觉孤单。

在故事里,我们看着他在法兰西盛夏含苞待放,故事里,金球绝杀依旧在记忆中荡气回肠。故事里,十年的黑白生涯拥有他最宝贵的记忆,尤文图斯就像他的第二个家,都灵城的岁月是他生命中最重要的篇章。当他合上故事的最后一页,那里是他唯一向往的方向。

古蒂 情迷"金狼"

何塞·费尔南德斯·古蒂
Jose Maria Gutierrez Hernandez

国籍：西班牙
出生地：马德里，西班牙
出生日期：1976年10月31日
位置：中场
俱乐部：皇家马德里，贝希克塔斯
俱乐部进球数：89球/582场
国家队进球数：3球/13场

总有一首歌，能让你想起他
>>>
歌名：From Sarah With Love
歌手：Sarah Connor

　　皇家马德里，20世纪最伟大的俱乐部持续屹立巅峰，流淌着白色血液的战将为它英勇作战。他不是那艘银河战舰上最伟大的将士，却随时等候召唤，在任何需要他的时候挺身而出，直到青春尽失、义勇不复。他悄然离去，只留下一句"马德里主义者至死方休"，感彻后人。

　　皇家马德里永远不缺乏伟大的巨星，但是皇家马德里只留下了一段金狼传说，因为金狼离开后，再也没有人为它"至死方休"。

　　古蒂陪伴了皇马25年，他是马德里的孩子，9岁进入皇马少年队。那时劳尔还身披马德里竞技球衣，两人还是少年联赛中的对手。他有一头金色的长发，因为崇拜雷东多，他一直不肯剪发。他还有像狼一样桀骜不驯的性格，冲动而孩子气，他善良、重义，更富有足球天赋，但是人们在描绘他时，最重要的一条品质一定是忠诚，这是足球世界里最珍贵的品质。

　　古蒂与劳尔是皇马青训最杰出的代表，技术上，他们挥洒天赋，感情上，他们忠心不二。但劳尔是那艘豪华战舰的统帅，古蒂则为它保驾护航。古蒂比劳尔晚一年被巴尔达诺提拔进皇马一队，他也终于站到了偶像雷东多身边。不过，他只替补出场了一场比赛就被重新调回二队，再回到一队已经是三个月之后的事了。这几乎成为了古蒂职业生涯的缩写，他在替补与主力间徘徊，很多时候他都坐在替补席上。

　　皇马在1996/1997赛季问鼎西甲冠军，古蒂共14次出场，但没有一次首发。更残酷的事实是，皇马在1998、2000和2002年三次捧起欧洲冠军杯的王冠，三场决赛古蒂都只能坐在板凳上观看队友们的表演。

　　对古蒂来说，只有博斯克愿意给他更多机会，从而有了2000/2001赛季古蒂的14粒联赛入球，这是他进球最多的一个赛季，真真切切地用自己的进球为皇马带来了联赛冠军。

　　尽管古蒂此时仍是莫特伦斯的替补，但他屡屡上演替补奇兵的好戏。

△ 2002年8月30日，在皇家马德里同费耶诺德的欧洲超级杯中，古蒂一传一射帮助皇马3比1取胜，历史上首次在该项赛事中夺冠。

◁ 2000年10月14日，皇家马德里主场3比0战胜拉科鲁尼亚，古蒂终场前3分钟打进一球。2000/2001赛季是他职业生涯进球最多的一个赛季。

▽ 2006/2007赛季，皇家马德里时隔四年再次夺得西甲联赛冠军，古蒂和劳尔在伯纳乌共同展示冠军奖杯。

联赛第 30 轮对阵比利亚雷亚尔，古蒂得到首发机会，他一口气就打入 3 球，其中接到卡洛斯传球后凌空吊射的进球尤为精彩。这是古蒂职业生涯中唯一一次帽子戏法，只是能让他尽情挥洒 90 分钟的机会太少了。

2002 年欧洲超级杯还是古蒂第一次以首发身份参加的争冠战役，他先是为卡洛斯送上了一记脚后跟助攻，随后又自己头球得分锁定胜局，帮助皇马 3 比 1 取胜费耶诺德，历史上首捧欧洲超级杯。三个月后，古蒂又帮助皇马拿下了那年的第三座冠军奖杯——丰田杯，他在终场前 8 分钟替补罗纳尔多出场，第一次触球就头球破门。

所有人都知道，在皇马以外的任何一家俱乐部，这样的古蒂要想获得一个首发位置绝非难事。人们也知道，在皇马，古蒂要想顶替齐聚中前场的几大巨星绝无可能。他当然更清楚自己的处境，但是当 AC 米兰向他抛来橄榄枝，他说了不，当意甲其他豪门向他承诺了主力和高薪，他说了不，当皇马俱乐部一心想将他换购到马德里竞技，他还是说了不。

他宁肯踢中场的任何位置，或者去踢后卫，像补丁一样适应俱乐部随时的需要，宁肯拿着多年不变的年薪，宁肯看着自己作为球员最宝贵的年华一点点在板凳上流逝。他唯一的解释是："我宁愿在皇马踢 10 分钟，也不愿意在皇马以外的俱乐部踢一个赛季。"

2006 年，随着齐达内的退役，古蒂回到了中场。他的灵动和写意终于有机会在最擅长的位置上得以发挥。2006/2007 赛季，皇马在积分榜上紧追巴萨，在与塞维利亚的关键之役中，古蒂在第 59 分钟替补劳尔出场，随后就策动了三个进球，两记精准的直塞球直接助攻范尼和罗比尼奥得分。皇马 3 比 2 逆转取胜，夺取了争冠道路上重要的胜利，在赛季末避免了四年无冠的尴尬。

2007/2008 赛季皇马蝉联西甲冠军，古蒂以 18 次助攻荣膺西甲助攻王。与巴拉多利德一役，古蒂一个人就贡献了 2 个进球 3 次助攻。面对宿敌巴塞罗那，古蒂用两记助攻引领白衣军团 4 比 1 大胜。除了简单的数字，他的长传总能精准地找到队友，直塞球总能在狭小的空间内穿破对手的空当。

什么时候的皇马最令人怀念？对很多球迷来说，当劳尔一边射门一边送出古蒂式的直塞，当古蒂一边助攻一边攻入劳尔式的吊射，那么这就是最美丽的画卷。

但是2009/2010赛季还是那么快就到来了。随着卡卡的加盟，古蒂的上场机会愈加渺小，劳尔也渐渐失去主力之位。但就是在这个告别的赛季里，古蒂送出了他职业生涯中最精彩的一记助攻，33岁的金狼用"上帝的脚后跟"完成了对本泽马的助攻，那么虚幻缥缈又那么轻而易举地撩拨，却如同他在拉科鲁尼亚里亚索球场跪地怒吼一般震颤人心。

没有人能代替古蒂倾诉忠诚背后无尽的付出，即使是劳尔——他身边最亲密的伙伴也无法体会他多年板凳生涯的孤寂。人们以为他笑看一切就可以轻松面对，唯一的理由不过是还能身披白衣。劳尔说过："我们不会一个人离开，除非我们一起离开。"古蒂也说过："劳尔是我留在这里的重要原因。"这句话被球迷演绎成了"劳尔在，不远游"。在一起经历了无数困难、挫折、失败、汗水，又一起经历了无数奖杯、荣誉、欢笑、泪水后，他们一起向青春和梦想告别，青春已逝，梦想成真，告别的泪水最是无悔。

古蒂职业生涯的最后两年在土耳其劲旅贝希克塔斯度过，师从皇马旧帅舒斯特尔，又拿下了一座土耳其杯冠军。他在2012年9月22日宣布退役，返回西班牙攻读教练课程。一年后，他返回皇马成为了皇马少年队和青年队的教练。和做球员时一样，他依然率性而为，脾气火爆，但球迷们还是像从前一样喜爱他。在球迷眼中，金狼永远不需要改变，不论他的身份是什么，他最好的样子就是他本来的样子。所有人都欣喜地看着金狼回到他的起点，憧憬这个已经足够完美的结局还能添加动人的续篇。

也许那一天迟早会到来，人们分不清金狼的故事究竟真实发生过，还是只是一个传说。那就翻开皇马历史的荣誉册，看看那里实实在在书写的名字何塞·费尔南德斯·古蒂，从1985年到2010年，整整25年，这个名字一直停留。从2013年到未知，这个名字还在继续被皇马历史书写着。它会告诉人们，这是一个真实的故事，只是好似传说。

古蒂 情迷"金狼" Jose Maria Gutierrez Hernandez | 177

▲ 2009年4月26日，皇家马德里客场4比2击败塞维利亚，皇马的正副队长劳尔和古蒂一起激情庆祝。

莫伦特斯
白色的忧伤

费尔南多·莫伦特斯
Fernando Morientes

国籍：西班牙
出生地：卡塞雷斯，西班牙
出生日期：1976年4月5日
位置：前锋
俱乐部：阿尔巴塞特，萨拉戈萨，皇家马德里，摩纳哥，利物浦，巴伦西亚，马赛，圣安纳
俱乐部进球数：208球/566场
国家队进球数：27球/47场

总有一首歌，能让你想起他

\>\>\>

歌名：Greatest Day
歌手：Take That

  他拥有足以媲美好莱坞明星的俊朗面庞，他也被公认为世纪之交西班牙足坛的锋线瑰宝，他带着好友的牵挂辗转他乡四处漂泊，心灵却一直驻守在那座白衣如雪的马德里城，他是伯纳乌日夜牵挂的游子，是丰收女神众多孩子中那个被流放的金童。

  他是费尔南多·莫伦特斯，一个让皇马球迷始终思念的名字。

  这份思念最开始是源于由衷的爱慕。1997 年，卡佩罗决意将莫伦特斯从萨拉戈萨带到皇马，然而，他还没来得及亲手调教这位爱将，就收到了伯纳乌的逐客令。初来乍到的莫伦特斯眼看着伯乐离别，内心闪过一些不安和迷茫，不过他很快坚定下来，努力凭借自己的能力去赢得球队的信任。

  也许是继任者海因克斯的要求太高，更有可能是当时皇马锋线云集了苏克、米亚托维奇这样的顶尖球星，莫伦特斯在皇马的第一个赛季出场并不多，但他依然留下了 12 粒进球的数据，这样的成绩单对于一名替补球员来说已经足够出色。因此，当苏克在赛季末状态下滑，莫伦特斯当然配得上欧冠决赛的首发席位。那一年的欧冠决赛属于米亚托维奇，站在前辈身边的莫伦特斯则有幸在自己参加的第一次欧冠决赛中就收获冠军，这是多少人可望而不可即的愿望，这也是莫伦特斯和皇马一段甜蜜期的开始。

  在皇家马德里，莫伦特斯还与劳尔实现了重聚。两人初识是在西班牙国青队，并搭档锋线出战了 1995 年卡塔尔世青赛，两个眉清目秀的翩翩少年组成了令人胆寒的锋线双刀。西班牙媒体惊呼，未来 10 年西班牙国家队不会再为进球担心了。球场上的默契逐渐演变至场下的形影不离，从队友成为至交或许只需要几个眼神，一番寒暄，两三笑语。如同伯牙抚琴，子期善听，半曲弦瑟过后，便知彼此是否可以知音相称。或许是命运的安排，这对双子星也终于在马德里城实现了合璧。

  两人也随即代替离队的苏克和米亚托维奇，并肩出现在了皇马锋线的首

▲ 1997/1998 赛季欧冠决赛，皇家马德里 1 比 0 力克尤文图斯夺冠，莫伦特斯获得了首发出场的机会。

发名单上。从 1998 年到 2002 年，劳尔搭档莫伦特斯一共为皇马打进了超过 170 粒进球，如此冠绝欧洲的数据也让皇马三年内两次君临欧冠赛场。

2000 年 5 月的法兰西大球场，莫伦特斯在上半时就实现了自己欧冠决赛破门的心愿，皇马在与巴伦西亚的西班牙内战中占得先机。那场比赛，球迷们印象更深的或许是劳尔在下半时那次半场奔袭破门，双子星在同一场决赛中双双进球，共同捧起欧冠奖杯。荣耀之下，彼此为伴，还有什么比这样的惺惺相惜更值得珍藏的呢？

那场决赛，既是劳尔和莫伦特斯共同的高光时刻，也是二人职业生涯的分水岭。2000 年夏天，一个叫做弗洛伦蒂诺的商人成为伯纳乌新的掌舵者，皇马的巨星政策正式登上历史舞台。老臣相继离开，取而代之的是菲戈、齐达内这样的顶级球星。纵然莫伦特斯天赋异禀，勤勉努力，也难逃被列入转卖名单的命运。

但莫伦特斯没有从一开始就选择放弃，他仍然视皇马为自己的唯一所

△ 2000 年 5 月 24 日的法兰西大球场，莫伦特斯上半场就为皇家马德里拔得头筹，帮助球队最终 3 比 0 击败巴伦西亚赢得欧冠奖杯。

爱，仍旧不遗余力地为银河战舰披荆斩棘。2001/2002 赛季，他甚至拿到了西甲最佳射手，也有过单场比赛独中五元的神奇发挥，那一年皇马再夺欧冠，莫伦特斯同样功不可没。但即便他使出浑身解数，也无法打动固执的弗洛伦蒂诺。挚友劳尔劝说皇马高层，年轻的莫伦特斯拥有无限的光明前景，但当时野心勃勃的皇马掌权人只相信名气而非场上表现，并且认为莫伦特斯没有纯正的皇马血统。莫伦特斯和伯纳乌缘分将尽。

2002 年世界杯留给莫伦特斯的印象是灰暗的，他成为了球队的最佳射手，但他始终无法释怀，在 1/4 决赛中，他曾接华金的传中球攻破过韩国人的球门，但主裁判竟然判罚皮球传中前已经出界。西班牙队最终在点球大战中落败，莫伦特斯哭得像泪人一样。

也是在 2002 年夏天，带着世界冠军光环的"外星人"罗纳尔多空降伯纳乌，这似乎是皇马高层向莫伦特斯释放的一个信号——该是你离开的时候了。劳尔当时已经是球队的股肱之臣，为了留住莫伦特斯，他甚至不惜与高

∧ 2003年5月18日，皇家马德里5比1大胜马拉加，莫伦特斯独中两元。尽管身边有齐达内等众多巨星，但莫伦特斯的表现丝毫不落下风。

< 2003/2004赛季欧冠1/4决赛第二回合，摩纳哥主场迎战皇家马德里，莫伦特斯进球反戈旧主，帮助摩纳哥淘汰皇马闯进决赛。

层当面对峙。联赛对阵巴列卡诺，莫伦特斯进球后，送上助攻的劳尔在他的发髻上留下了深情一吻，这一吻包含了不舍、留恋以及无奈的祝福。

离开皇马的时候，劳尔对莫伦特斯说，我们还会再见面的。不曾想，这句宽慰之言竟在不到一年后以各为其主的方式变成现实。这现实谁都不愿面对，却必须竭尽全力去面对。那是2003/2004赛季的欧冠1/4决赛，已被租借至摩纳哥的莫伦特斯怀着复杂的心情迎来了皇马和劳尔。莫伦特斯在两回合的比赛中都有进球，帮助摩纳哥队击沉了星光熠熠的银河战舰。

也许，劳尔最不愿看到的就是莫伦特斯反戈一击的剧情，但这一切还是发生了，就像命中注定一样，上帝必须安排一个机会，让两人的友情再多一些故事色彩。莫伦特斯没有因为自己实现"复仇"而恣意庆祝，而是含泪送给了劳尔一个深情拥抱。

那一年的欧冠，被皇马抛弃的莫伦特斯以9粒进球拿到最佳射手，这无疑给了皇马高层一记响亮的耳光。或许是看到了莫伦特斯真正的价值，皇马决定将他召回。然而，就在莫伦特斯以为一切峰回路转的时候，另一名巨星欧文的加盟再次将他按在了替补席上。这一次，莫伦特斯被逼到了穷途末路，尽管他才华横溢，也无法改变弗洛伦蒂诺的决定。2005年的寒冬，他背起行囊，再一次远走他乡。从利物浦到巴伦西亚再到马赛，他无法再回到马德里城，只能追忆往日最好的岁月。

在巴伦西亚，他曾经找回了最好的自己，身边的搭档是后来接过劳尔国家队7号战袍的比利亚，只不过，莫伦特斯再也找不到当年并肩劳尔杀敌四方的豪情和朝气。他和劳尔一生挚友，当他在外漂泊，无论是在摩纳哥还是利物浦，劳尔都会前往探望，在劳尔眼中，莫伦特斯走到哪里都不会独行，而在莫伦特斯心底，当初双子闪耀，白衣如雪来去如风，却已经是回不去的曾经。

2010年，34岁的莫伦特斯选择挂起战靴，他拒绝了葡超豪门本菲卡的邀请，也不理会西亚金主抛来的惊天支票，悄悄地告别了17年的绿茵生涯。他说，自己退役前最大的心愿曾是再回皇马踢球。游子远行，真心可鉴，即便归家无途，他依旧怀念在马德里时那些阳光灿烂的日子。

雷科巴
天才"中国男孩"

阿尔瓦罗·雷科巴
Alvaro Recoba

国籍：乌拉圭
出生地：蒙得维的亚，乌拉圭
出生日期：1976年3月17日
位置：前锋
俱乐部：达努比奥，民族，国际米兰，威尼斯，都灵，帕尼奥尼奥斯
俱乐部进球数：142球/493场
国家队进球数：11球/69场

总有一首歌，能让你想起他

>>>

歌名：Quizas
歌手：Enrique Iglesias

  2016 年 3 月 31 日，蒙得维的亚世纪球场充满了离愁别绪，乌拉圭足球史上的一代巨星雷科巴正式挥手告别。这场告别赛由雷科巴朋友队对阵民族队，里克尔梅、萨内蒂、萨莫拉诺、巴尔德拉马等南美足球巨星纷纷出席，雷科巴最忠实的球迷、乌拉圭总统巴斯克斯则亲自为比赛开球。雷科巴为双方各出战半场，昔日的金左脚操刀罚进一粒点球，这也成为了他足球生涯的最后进球。此时此刻，在烟花和掌声中，40 岁的雷科巴眼含热泪，向自己的足球人生说再见。

  时光倒转，我们记忆中的雷科巴似乎从未老去，他还是那样，长着一张娃娃脸，散发着青春的气息。由于酷似中国人的面孔，雷科巴很早就得名"中国男孩"，他生于 1976 年，也是后来被称作"76 黄金一代"巨星中的一员。

  1997 年，21 岁的雷科巴从乌拉圭民族队转会来到国际米兰，那个夏天，国际米兰俱乐部老板莫拉蒂同样引进了 21 岁的罗纳尔多，就这样，默默无闻的雷科巴与大红大紫的罗纳尔多一起迎来了意甲首秀。

  那个日子令人记忆犹新：1997 年 8 月 31 日，意甲第一轮，国际米兰主场迎战布雷西亚。替补出场的雷科巴竟抢去了"外星人"的风头，第 80 和第 85 分钟，替补冈茨出场的雷科巴打出两记世界波，用一己之力帮助蓝黑军团实现大逆转。在自己的意甲处子秀中，雷科巴完成了不可思议的演出，从此一战成名。意大利媒体如是评论道："8 万名球迷来到球场想一睹罗纳尔多的风采，但是相反，他们被雷科巴的黄金左脚所折服。"

  然而当年的国际米兰巨星云集，雷科巴很难获得出场机会，于是他被转租到了威尼斯，正是这段时间不长的水城之旅奠定了他在亚平宁半岛的声名。仅用半个赛季，雷科巴就打进 11 球奉献 9 次助攻，帮助威尼斯队逃脱降级的命运。

△ 1997年8月31日，在自己的意甲首秀中，雷科巴攻入两记世界波，帮助国际米兰2比1逆转布雷西亚，他的风头甚至盖过了"外星人"罗纳尔多。

雷科巴在威尼斯踢得风生水起，尤其是在面对国际米兰时以一记任意球绝杀老东家，这让莫拉蒂终于坐不住了，下决心召回雷科巴。即使是在罗纳尔多、巴乔、维埃里等巨星的夹击下，雷科巴也出人意料地深受蓝黑球迷的喜爱。从此，他标志性的任意球和远射频现意甲赛场，特别是2002/2003赛季对博洛尼亚的那记逆天任意球，恍惚之中，你仿佛看到了1997年罗伯特·卡洛斯那记超凡弧线。

遗憾的是，当时的国际米兰正处于动荡期，巨星来来往往，主帅频繁更迭，始终无缘冠军的现实让蓝黑军团被称作"球星黑洞"。里皮之后是塔尔德利，塔尔德利之后是库珀，雷科巴在历任教头的手下虽然都不是绝对主力，但他的一只金左脚始终具备决定比赛的能力。

多年无冠的国际米兰终于迎来了转折，曼奇尼的上任让雷科巴的冠军梦得以实现，那记著名的马赛回转后的精彩远射，就好像是雷科巴送给

雷科巴　天才"中国男孩"

△ 2005 年 1 月 9 日，国际米兰主场 0 比 2 落后桑普多利亚，雷科巴在伤停补时的第 3 分钟攻入制胜一球，帮助球队 3 比 2 完成惊天大逆转。

曼奇尼的见面礼。只进世界波，专进世界波，雷科巴延续着这样的传统。2004/2005 赛季，国际米兰主场 0 比 2 落后桑普多利亚，雷科巴在第 88 到第 93 分钟之间完成一次助攻和一脚远程怒射破门，帮助球队在 5 分钟内实现连进 3 球的神奇逆转。

2006/2007 赛季对阵恩波利，雷科巴打进了自己十年国米生涯的最后一球，一粒角球直接得分，向来脚法出众的雷科巴用这种最精彩的方式告别了蓝黑军团，国际米兰也终于时隔 18 年之后再登意甲冠军宝座。从一战成名到历经坎坷，整整十年的坚守让他成为了国际米兰球迷的挚爱。虽然 31 岁的雷科巴似乎已风光不再，但并肩走过的十年岁月和流水的光阴，却一起被时间铭记。

在告别国际米兰的同时，雷科巴也与国家队说了再见。他曾被看作是弗朗西斯科利的接班人，肩负着乌拉圭足球复兴的重任，然而他的国脚生涯却略显平淡，美洲杯从未夺冠，2002 年参加的唯一一次世界杯也没能小组出线。2007 年美洲杯成为了雷科巴最后的国家队时光，乌拉圭队杀入四强，在半决赛中，他们曾一度领先巴西，但最终还是在点球大战中失利，雷科巴的国家队使命以失败而告终。直到三四年后，以迭戈·弗兰与苏亚雷斯为代表的全新一代乌拉圭球星相继在世界杯和美洲杯上大放异彩，也才让乌拉圭足球重塑辉煌。只可惜，已近职业生涯暮年的雷科巴并未赶上那样的好时代。

离开国际米兰之后，雷科巴先后辗转于都灵和希腊的帕尼奥尼奥斯队，最终返回祖国叶落归根。再传来"中国男孩"的消息，距离他告别欧洲主流联赛已相隔数年，那是 38 岁的他在民族队又一次利用角球直接破门。直到这时人们才意识到，昔日的金左脚并未失去他的光环。

南美球星习惯于叶落归根，这一点并不意外，而令人惊讶的是，雷科巴的脚法依旧华丽无比。在回到乌拉圭联赛之后，他竟然先后奉献了五个角球直接得分，如果再加上国际米兰时期的那个，六个角球直接破门的成就足以载入史册。在这项技能上，雷科巴恐怕是当今世界足坛第一人了。在有限的上场时间内，雷科巴帮助民族队两夺联赛冠军，这支乌拉圭足坛的第一豪门还在延续着自己的光荣传统。

四十不惑，没有人能够战胜岁月，哪怕是永远有一张洋溢着微笑的脸，永远有一张中国男孩面孔的雷科巴。在 2015 年，他带着职业生涯的最后一个冠军告别民族队。这里，曾是他足球生涯起步阶段的重要驿站，也见证了他足球生涯最后的演出。

在那场雷科巴的告别赛中，比赛临近尾声，蒙得维的亚世纪球场的灯光比以往更加闪耀，一个小男孩踏上了赛场，那是雷科巴年幼的儿子，他身披民族队的战袍与自己的父亲并肩作战。父亲助攻，儿子打进了这场告别赛的最后一球，民族队把比分定格在了 5 比 4，时间仿佛也被定格，在那父子相拥的时刻。

此时，又有多少人会唱起青春的离歌，无尽的伤感混杂着惊艳的弧线进入你的脑海，渐行渐远中，那张东方面孔，那只黄金左脚已成回忆。

▲ 从 0 比 3 到 3 比 3！2002 年世界杯小组赛，乌拉圭迎战塞内加尔。在上半场 3 球落后的情况下，乌拉圭队下半场发起绝地反击，雷科巴终场前两分钟打进绝平点球。

▽ 2011 年 12 月 4 日，在民族队获得乌拉圭春季联赛冠军后，雷科巴被队友高举在肩欢庆胜利。

克雷斯波
巨星客杀手

埃尔南·克雷斯波
Hernan Crespo

国籍：阿根廷
出生地：弗罗里达，阿根廷
出生日期：1975年7月5日
位置：前锋
俱乐部：河床，帕尔马，拉齐奥，国际米兰，切尔西，AC米兰，热那亚
俱乐部进球数：271球/608场
国家队进球数：35球/64场

总有一首歌，能让你想起他

>>>

歌名：Free Loop
歌手：Daniel Powter

  这是很多阿根廷球员的宿命，他们把自己交付旅程，把才华绽放异乡，在亚平宁足球最鼎盛的时光里，安放着自己漂泊的气质。他们长发随风，灵动随舞，激情如炬，形影如幻，他们在球场上的统治力就如同他们是这里的主人，只有在游走间留下了异客的痕迹，也许在片刻中他们找到过家一般的归属，但在现实里他们只好匆匆上路。

  克雷斯波正是这样一位异客杀手，跟他的前辈马拉多纳和巴蒂斯图塔一样，这个从阿根廷劲旅河床队走出的男孩儿满怀骄傲地离开家乡。他早已不乏功名，更不乏荣誉，南美解放者杯的决赛舞台上，克雷斯波用梅开二度助河床队夺冠，这是他送给家乡球队最后却是最珍贵的礼物。

  没有人能把这样的记忆从帕尔马球迷的心中抹去：克雷斯波、贝隆、布冯、卡纳瓦罗、图拉姆创造了帕尔马俱乐部最辉煌的时代。在阿尔卑球场，阿根廷神锋用巧妙的脚后跟进球击败尤文图斯，此后，他又一次次地重复着相同的表演；他的超级倒挂金钩和狮吼般的庆祝激情四溢；欧洲联盟杯的决战舞台上，他首开纪录并当选最佳球员，帕尔马登顶欧洲。

  很多时候，我们无法忘记一名球员，更是因为我们太想铭记一个时代。那是意甲联赛最风光无两的时代，意甲群雄在各领风骚中记录了自己最值得炫耀的历史。日后的帕尔马再难复制他们在 20 世纪 90 年代的辉煌，而拉齐奥再难同时云集克雷斯波、贝隆、内德维德、内斯塔等如此量级的球星。他们只差一步就可以赢得 2000/2001 赛季的意甲冠军，克雷斯波以 26 粒进球收获最佳射手。他只在蓝鹰停留了两个赛季，创造了 5500 万欧元的历史第一身价，留下了近乎疯狂的进球成绩单，却在蓝鹰因堆砌巨星不得不面临的财政危机中被无奈出售。

  这是所有球员都不甘却不得不接受的命运，在职业生涯的最巅峰期，

< 2000年1月9日,帕尔马主场1比1战平尤文图斯,克雷斯波扳平比分的进球发生在最后一分钟,避免了球队的失败。

∨ 2004/2005赛季欧冠决赛,克雷斯波在第43分钟攻入个人本场第二球,AC米兰3比0遥遥领先,但最终捧杯的却是利物浦人。

他被现实放逐。尽管他无数次被拿来与马拉多纳和巴蒂相比较，但没有一家俱乐部愿意成为克雷斯波的归宿，成为他的那不勒斯或紫百合。国际米兰之后只有漂泊和动荡，往返于切尔西和米兰城就是现实的洪流，克雷斯波只能不甘心地随波逐流。

在国际米兰，他经历了职业生涯中第一次重大伤病，从此失去主力之位；在切尔西，他无力阻挡穆里尼奥对德罗巴的偏爱；在AC米兰，他距离欧冠金杯的距离就是现实与梦想的差距，看似那么近，实则那么远。伊斯坦布尔的神奇之夜掩盖了米兰人的半场狂欢，更掩盖了克雷斯波的两粒进球。他成为历史上第一个代表5家俱乐部在欧洲冠军杯上奉献进球的球员，这样的纪录对克雷斯波来说究竟是荣耀还是无奈？抑或兼而有之？

2005/2006赛季，穆里尼奥又说服克雷斯波返回切尔西。整个赛季，克雷斯波在各项赛事中攻入13粒进球，终于赢得了自己在欧洲的第一个联赛冠军，此时，距离他登陆欧洲已经整整10年。

他想返回意大利，当意大利媒体用历经坎坷去形容这位异客杀手，克雷斯波已经将亚平宁看作心灵的归宿。他以租借之身返回国际米兰，第一个赛季就帮助蓝黑军团问鼎意甲冠军。2007年5月，在出战与老东家拉齐奥的那场联赛前，他剪去了陪伴自己5年的长发。切尔西已经决定召回阿根廷人，但克雷斯波坚决地留守国际米兰，削发就是他的决心。然后他用帽子戏法为0比2落后的蓝黑军团夺回胜利，又在意大利超级杯上用进球和助攻帮助国际米兰在0比3的逆境下实现大翻盘。

克雷斯波终于在2008年夏天等到了国际米兰的一纸合约，但和他一起归属蓝黑军团的，还有在斯坦福桥时并不器重他的穆里尼奥。整个2008/2009赛季，克雷斯波只出战了13场意甲联赛，其中只有两次是首发，他被完全排除在欧冠赛场之外，连伊布的替补都算不上。

曾经叱咤风云的阿根廷神锋终于在无情的岁月中收起了锋芒，他使出浑身解数也没有摆脱无依的宿命，或许足球世界本就残酷异常。他转投热那亚，而当一场三方交易把他带回帕尔马时，他没有片刻犹豫。一句"我

› 2005/2006 赛季，克雷斯波在切尔西收获英超冠军，这是他闯荡欧洲 10 年后赢得的第一个联赛冠军。

‹ 2002 年世界杯最后一场小组赛对阵瑞典，尽管克雷斯波在终场前两分钟扳平比分，但阿根廷队还是被淘汰出局，克雷斯波掩面哭泣。

∨ 2007 年 9 月 29 日，在客场同罗马的比赛中，克雷斯波进球后与同胞坎比亚索共同庆祝，国际米兰最终 4 比 1 大获全胜。

想回家"让多少球迷感叹命运蹉跎。大多人以为，家在异乡者的心中早已模糊了概念，殊不知越是遥远越是想念，家是故乡，也是梦开始的地方，家可以是寄托感情最多的地方，也可以只是一次停留，或长久或短暂。在足球的世界里，任你身为异客，总有一个像"家"一样的地方，让你把回家当做冰冷现实中最温暖的归属。

2010/2011 赛季，克雷斯波第四次成为帕尔马队内最佳射手。他更是帕尔马俱乐部的历史第一射手，在为帕尔马 201 次出场中贡献了 94 粒进球。在这个被克雷斯波称为"家"的异乡之地，他选择在 37 岁时结束了自己的职业生涯。

看过克雷斯波踢球的人普遍认为，如果不是命运一次次令他漂泊，他本可以获得更高的成就。他自律、勤奋，在整个职业生涯中没有吃到过一张红牌；他全面、顽强，是禁区里真正的机会主义者。他是意甲赛场最优秀的外援之一，同时是阿根廷国家队的历史第三射手，仅次于梅西和巴蒂，超越了马拉多纳。

但是，这似乎还不够与他的才华相匹配。在退役之时，克雷斯波坦言职业生涯中有两大遗憾：没有赢得过欧洲冠军杯，也没有带领阿根廷国家队进入过世界杯决赛。AC 米兰在 2007 年复仇利物浦问鼎欧冠，克雷斯波已然往返于切尔西和国际米兰。国际米兰在 2010 年站上欧洲之巅，克雷斯波刚刚被放逐到热那亚。在最好的年华里，他不过是世界杯赛场上巴蒂斯图塔的替补。在终于成为国家队当之无愧的首选前锋之后，他在 2006 年世界杯上收获银靴，阿根廷却遭遇苦主德国，在点球大战中惜败，止步八强。

克雷斯波总是漂泊，总在错过，总与圆满相差着现实与梦想的距离。于足球世界，他与很多球员有着相同的宿命。但克雷斯波总是坚守着自己，总是不随波逐流，总能将一个正统中锋的角色演绎得淋漓尽致。他共效力过 7 家俱乐部，每到一处都被球迷热烈拥戴，至于原因，如果以进球为本分，那么他就是那个时代里最出色的中锋。

绝代"巫师"

贝隆

胡安·贝隆
Juan Sebastian Veron

国籍：阿根廷
出生地：拉普拉塔，阿根廷
出生日期：1975年3月9日
位置：中场
俱乐部：大学生、博卡青年、桑普多利亚、帕尔马、
　　　　拉齐奥、曼联、切尔西、国际米兰、布兰德森
俱乐部进球数：78球/630场
国家队进球数：9球/73场

总有一首歌，能让你想起他

>>>

歌名：Boulevard of Broken Dreams
歌手：Green Day

贝里索之星是阿根廷地区联赛的一支小球会，球员主要由当地的工人、学生、厨师或者邮递员组成。2016 年 8 月 12 日，他们迎来了球队历史上最大牌的一名球员，41 岁的贝隆复出加盟。那个当年的小巫师终于还是耐不住坐在场边的寂寞，踢球的快乐仍然是他无法割舍的情怀。

贝里索位于阿根廷东部，是一座宁静安逸的海滨小城，贝隆选择在这里重新披挂上阵，并不是因为这支球队多么有前景，而是因为这里距离他位于拉普拉塔的家只有 10 公里。贝隆开玩笑说："我其实可以从家跑去训练场，年轻的时候，我每场比赛都能跑这么多。"

年轻时的贝隆的确拥有超过常人的体格优势和足球天赋，这主要得益于父亲的优秀基因。拉蒙·贝隆，也就是老贝隆，是 20 世纪 70 年代阿根廷足球的翘楚，1986 年世界杯阿根廷的功勋教练比拉尔多将他形容为"中前场的幽灵"。由于他活动范围很大，跑位飘忽不定，可以随时出现在危险的位置，再加上辨识度很高的大鼻子，老贝隆因此得名"巫师"。作为他的儿子，贝隆"小巫师"的绰号也算是子承父姓了吧。

拉普拉塔大学生是老贝隆球员时代重要的驿站，自小见证父亲场上风采的贝隆自然对这支球队倾注了更多的情感，拉普拉塔也水到渠成地成为贝隆梦想开始的地方。在拉普拉塔的三年里，贝隆逐渐完成了一名世界级中场的自我修养，出色的大局观、冷静的头脑、毫无瑕疵的传球线路让他一跃成为阿根廷最具灵气的组织型前腰。

当年对老贝隆颇为青睐的比拉尔多迫不及待地致电老贝隆，邀请贝隆加盟他麾下的博卡青年。比拉尔多相信，贝隆家族的足球基因在这个年轻的"小巫师"身上得到了最纯粹的优化。尽管贝隆仍然留恋拉普拉塔的时光，但糖果盒球场更能满足他内心早已激荡的新鲜感。

那个身穿博卡黄蓝色战袍的光头年轻人，才是很多人对贝隆的最初印象。在糖果盒球场不到一年的时间里,贝隆的名字就已经传到了大西洋对岸。在众多的邀约当中,亚平宁的海风显然最得贝隆钟爱,当时的他对意大利足球一无所知,但这就是他选择意甲的原因,充满未知,才有无限可能。

推开欧洲的大门,桑普多利亚成为了贝隆的第一个落脚点。在那里,他与瑞典主帅埃里克森结识,贝隆将埃里克森视为恩师和挚友,而埃里克森则是真正让贝隆脱胎换骨的伯乐贤师。虽然埃里克森并没有在桑普多利亚获得成功,但他一手调教出了一个具有战术领袖气质的贝隆,这种气质在贝隆加盟帕尔马后更显不可替代。

1998/1999赛季的帕尔马正逢球队盛世,图拉姆、卡纳瓦罗、布冯、克雷斯波、贝隆,这批当时世界足坛的天才球员为帕尔马带来了一座欧洲联盟杯的冠军,那也是贝隆来到欧洲之后的第一项锦标。那时的贝隆可谓如日中天,正因如此,埃里克森极力劝说拉齐奥高层引进贝隆,并抛出了那句著名的诺言:"给我一个贝隆,我就能给你一个意甲冠军。"

1999年夏天,贝隆来到了罗马城,披上了蓝鹰战袍。在拉齐奥,埃里克森以贝隆为核心打造了一套行云流水的进攻战术,这套战术中,即便强悍如内德维德,也要跟随贝隆的比赛节奏冲锋陷阵。1999/2000赛季的意甲联赛,整个亚平宁都臣服于拉齐奥刮起的蓝色旋风,而这旋风的驱动者,就是贝隆。那个赛季结束之后,埃里克森真的兑现了诺言,拥有贝隆的拉齐奥成为了意甲20世纪的最后一个冠军。此后,那支蓝鹰先后赢下了欧洲优胜者杯和欧洲超级杯,那是拉齐奥最好的时代,也是贝隆最好的时代。

能在风华正茂的青春岁月为国征战是成就,也是使命。1998年,23岁的贝隆穿上了那件朝思暮想的蓝白间条衫,在浪漫的法国挥洒着才情,这种才情凝结成的智慧在1/8决赛英阿大战中体现得淋漓尽致,贝隆和萨内蒂之间心有灵犀,塑造了一个任意球配合的旷世经典之作。1/4决赛,贝隆又绝妙助攻洛佩斯扳平比分,却在最后时刻看着"冰王子"博格坎普惊艳绝杀。4年后的韩日世界杯,当巴蒂的眼泪在《阿根廷别为我哭泣》的旋律中潸潸而下,在潘帕斯雄鹰悲情谢幕的众多身影中,也有贝隆低头不语的失落脸庞。

2001年夏天,贝隆收到了来自曼彻斯特的邀请,老爵爷弗格森不惜用

▲ 1999年5月5日，帕尔马力压佛罗伦萨赢得意大利杯冠军，克雷斯波、贝隆、巴尔博、圣西尼（从左至右）等四名阿根廷球员在更衣室内共同庆祝。

▽ 2000年2月29日，在拉齐奥主场同费耶诺德的欧冠第二阶段小组赛中，贝隆为蓝鹰先声夺人。

2800 万英镑将小巫师收归帐下，并决意将红魔的 4 号球衣以及未来曼联的中场组织重任交给贝隆。但是，阴晴不定的英伦无法像亚平宁一样始终沐浴艳阳，贝隆也像是缺少阳光呵护的向日葵一样找不到生长的方向。在英超的三年，无论是在曼联还是切尔西，贝隆都没能达到人们对他的期望，甚至一度被人贴上了水货的标签。

所以，经历低潮的贝隆决定返回意大利，似乎只有那里才符合小巫师对他心中魔法世界的所有幻想。2004/2005 赛季，他转投国际米兰，回到了曾经阳光灿烂的日子。他随心所欲，传射自如，帮助球队在 2005/2006 赛季拿到意甲冠军。那是又一个大国际时代的开篇序曲，而作为重要的演奏者，贝隆却没有继续留在蓝黑军团。有人说他是因为和阿德里亚诺矛盾无法调和，但贝隆事后说，他只是厌倦了欧洲职业足球的重重压力。

落叶归根，似乎是南美球员不成文的传统。贝隆同他的父亲一样，将拉普拉塔大学生队当作了自己职业生涯的最终归宿。在这里，贝隆找回了当初走进职业赛场时的新鲜感，那个充满灵性的中场巫师再现江湖。2009 年，队长贝隆率队夺得南美解放者杯，并且连续两年获得南美足球先生的殊荣。时任阿根廷国家队主帅马拉多纳赫然发现，他为自己的战术体系苦苦寻找的中场核心就在这里。

2010 年的南非，35 岁的贝隆第三次踏上了世界杯的赛场。和 12 年前一样，他依然掌控着球队的攻防节奏，只是，他已经不是当年场均跑动距离超过万米的小将。有人质疑贝隆拖累了全队的进攻速度，但现实是 1/4 决赛迎战德国，没有贝隆的阿根廷凌乱不堪，惨淡收场。如果贝隆在场，或许会是另一番景象。

2014 年 5 月 11 日，那是阿根廷足球的告别日，萨内蒂在米兰、海因策在纽维尔、贝隆在拉普拉塔同时挥别绿茵场，阿根廷足球的一个时代在那一刻落幕。所以，我们为贝隆选择再战沙场而惊喜，虽然小巫师的表演已经很难出现在电视镜头里，不过，既然他还穿着球鞋奔跑，就意味着我们还能听到当年那个时代的些许声音，不管因为什么，总像是重新游历了一段过往，内心也重新感动。

贝隆 绝代"巫师" Juan Sebastian Veron

▲ 2003年2月25日，欧冠第二阶段小组赛，曼联客场3比0完胜尤文图斯，贝隆同贝克汉姆一起庆祝。在曼联，贝隆并未达到人们对他的期望值。

▷ 1998年世界杯1/8决赛英阿大战，两队合力奉献旷世名局。在点球决战中，阿根廷第三个出场的贝隆准确命中。

▽ 2009年7月16日，贝隆高举南美解放者杯冠军奖杯抵达布宜诺斯艾利斯的埃塞萨国际机场。前一天夜里，拉普拉塔大学生队刚刚在客场2比1击败巴西的克鲁塞罗队夺冠。

低调天王
斯科尔斯

保罗·斯科尔斯
Paul Scholes

国籍：英国
出生地：萨尔福德，英国
出生日期：1974年11月16日
位置：中场
俱乐部：曼联
俱乐部进球数：155球/718场
国家队进球数：14球/66场

总有一首歌，能让你想起他

>>>

歌名：Take Me Home, Country Road
歌手：John Denver

  2013 年 5 月，英格兰足球历史上一个值得铭记的时刻：弗格森爵士的红色帝国宣告结束。在赛季的最后一个主场比赛后，弗格森缓缓走到场地中央，对现场的 7 万名观众、也对全世界的球迷说再见。在弗格森爵士这段动情演讲的开始，他特意提到了一个人："我们要感谢保罗·斯科尔斯，他在这里拥有非凡的足球生涯，他今天退役了……"

  话音未落，老特拉福德响起了如潮的掌声，将所有的声音盖过。此刻，斯科尔斯就站在弗格森的身后，淹没在球员的队伍当中，他只是不好意思地笑笑，却未发一言，正如自己职业生涯大多数时间所习惯的那样，低调，沉默，迅速隐藏在人群当中。

  这就是保罗·斯科尔斯，英格兰足球史上最沉默的大师。这是斯科尔斯的第二次退役，他总是那样，来时无影，去时无踪。2011 年，当斯科尔斯在欧冠决赛后第一次退役的时候，作为胜者的两位巴萨中场大师哈维和伊涅斯塔争相与他交换球衣。齐达内曾经说过，斯科尔斯是他遇到过的最伟大的对手。弗格森则始终认为，斯科尔斯是一位被低估了至少 15 年的巨星。然而，对于这些来自同行的褒奖，斯科尔斯从未在意，他最多也只是微微一笑，那个标志性的生姜头瞬间便会转身而去。

  作为 92 班的好友，一起长大的贝克汉姆曾这样形容斯科尔斯："不要问保罗要手机号，他可从来没给过任何人手机号，因为他自己都不知道。"这真是一个低调到了极致的球员，他没有经纪人，他也从没想过离开曼联，拿了那么多冠军，你却很难找到他捧杯的照片。那么，庆典后的斯科尔斯去哪儿了呢？贝克汉姆最常说的一句话是："哦，保罗啊，他回家了。"

  就是这样一位球员，当他最终告别曼联的时候，留下了 718 场的出场纪录，排在曼联历史出场纪录的第三位；留下了 155 个进球，排在曼联历史进球榜的第九名；也留下了 11 座英超奖杯、3 座足总杯、2 座欧冠奖杯的超凡荣耀，但他自己可能都不记得这些数字了。

他只记得那群兄弟！那些一起长大、一起踢球、又一起放学回家的小伙伴。在 92 班那张著名的合影中，他站在六兄弟最靠后的位置，他也是六个人中身材最矮小的，矮小到当他第一次进入曼联时，查尔顿爵士甚至看不到他，因为他被身前的曼联助理教练布赖恩·基德的高大身躯挡得严严实实。就是这样一个身材矮小的球员，谁也想不到，却在数年后的曼联王朝中成为传奇。

斯科尔斯天生患有哮喘，其貌不扬，从不争名夺利，甚至很少接受采访。但他并非不苟言笑，在训练场上，看到灌木丛中正在小便的加里·内维尔，他用球瞄着加里的屁股就是一脚，皮球从 50 米外精准地命中目标之后，斯科尔斯笑得比谁都灿烂。不过，他要严肃起来也令人生畏。C 罗刚来曼联的时候，发型浮夸，喜欢卖弄小技术，斯科尔斯冲上来对他一个飞铲，然后起身拍拍身上的草，转身走开了。C 罗第一时间感受到了，来到曼联可不是一件开玩笑的事。

他就是这样一个球员，让人心生敬畏，让所有人都感叹一将难求。2000 年的春天，那段尘封在英超经典中的回忆始终是那么清晰。在布拉德福德队的主场，贝克汉姆左侧开出角球，找到禁区外围的斯科尔斯，斯科尔斯张弓搭箭，右脚迎球直接凌空抽射，皮球犹如出膛炮弹直挂球网。那是英超历史上最精彩的凌空抽射，至今令人回味无穷。

这样的方式，也堪称斯科尔斯最擅长的方式，在英格兰足坛独树一帜。在那之后，在米德尔斯堡的河畔球场，在维拉公园球场，斯科尔斯又曾多次复制那样的经典。在曼联的辉煌年代里，他的招牌式远射无疑是击破对手的得力武器。

可惜在自己的鼎盛时期，斯科尔斯的国脚生涯却早早结束，那是他个人的选择。埃里克森安排他填补英格兰队左路空缺的位置，但他觉得自己并不适应，在为三狮军团出场 66 次打进 14 球后，2004 年 8 月，30 岁的斯科尔斯宣布从国家队退役。

∧ 1998年世界杯英格兰队首场小组赛迎战突尼斯，斯科尔斯在第89分钟攻入一球，帮助三狮军团锁定2比0的胜局。

> 2013年5月12日，老特拉福德球场，弗格森和他的得意弟子斯科尔斯共同向曼联球迷告别。

∨ 1997年9月26日，弗格森同曼联阵中的7名英格兰国脚合影。前排从左至右：加里·内维尔、弗格森、斯科尔斯、谢林汉姆，后排从左至右：帕利斯特、贝克汉姆、巴特、菲利普·内维尔。

▲ 2007/2008 赛季欧冠半决赛第二回合,斯科尔斯禁区外拔脚怒射轰开了巴塞罗那的球门,这一制胜进球将曼联送进了决赛。

▲ 2008 年 5 月 21 日,曼联在同切尔西的欧冠决赛中胜出,斯科尔斯赢得了个人第二座欧冠奖杯。

▲ 2010 年 4 月 17 日,曼彻斯特德比大战,斯科尔斯在伤停补时阶段攻入全场唯一进球,加里·内维尔为他送上一个"世纪之吻"。

曼联的生涯却还在延续。他经历了 92 班激情四溢的岁月，又经历了以 C 罗和鲁尼为代表的全新时代，昔日并肩的好友只剩下加里·内维尔和吉格斯，但这些真正的大满贯球员对于冠军的渴求却从未停止。

2008 年 4 月，曼联面临 9 年来又一次进入欧冠决赛的大好时机，老特拉福德万众瞩目，看台上球迷拼出的巨幅 "Believe（坚信）" 字样振奋人心。梅西领衔的巴塞罗那强势来袭，却抵不住斯科尔斯招牌式的一记重炮。那一脚 35 米开外的怒射，击破了老特拉福德上空数年无缘欧冠决赛的阴霾，那是斯科尔斯职业生涯中最被人铭记的一脚。曾因停赛无缘 1999 年欧冠决赛的斯科尔斯，终于在时隔 9 年后踏上欧冠决赛场，并作为主力成员捧得冠军奖杯。

两年后，一场曼彻斯特德比又让斯科尔斯一鸣惊人。伤停补时阶段，双方始终未能打破僵局，最后一分钟，只见斯科尔斯插入禁区，面对左路来球金头一甩，为曼联赢得了一场荡气回肠的胜利。如果仅仅是绝杀的剧情，那对 "弗格森时间" 来说就太常见了，重点在于，加里·内维尔从后场冲过来送上一个 "世纪之吻"，才让这次的绝杀显得非比寻常。斯科尔斯毫无防备，但那世纪之吻的经典镜头却被载入了史册。

2013 年夏天，在经历了短暂退役又复出之后，斯科尔斯终于决定彻底结束职业生涯。他没有留下只言片语，只带着最后一座英超冠军的荣誉悄然离去。他还是那样的沉默，沉默到除了自己最好的兄弟，任凭谁也很难让他敞开心扉。

匆匆逝去的光阴，让 92 班的孩子们经历分离，又经历相聚，他们留下了一张全新的合影，六个人还像从前一样并肩站在那里。昔日他们横空出世，如今他们名满世界。

2013 年的圣诞节，一部由他们亲自出演的电影《92 班》在一片怀旧的气氛中应运而生。他们再次回到老特拉福德，回味那 20 年烽烟中的一幕幕，仿佛内维尔兄弟还在镇守着两路，贝克汉姆、吉格斯飞扬着双翼，巴特在中轴线上调度呐喊，保罗·斯科尔斯，那个最沉默的大师，则用自己的又一记标志性远射，让老特拉福德风云再起。

总有一首歌，能让你想起他

歌名：Let Me Be the One
歌手：Def Leppard

意大利南部的那不勒斯风光秀美，那不勒斯湾湛蓝的海水是大自然的馈赠，附近的维苏威火山和它脚下的庞贝古城则向人们讲述着那段两千年前的往事。不过不要忘了，这里还有另一道风景，那就是足球。

20 世纪 80 年代末，球王马拉多纳把这座城市的知名度提升到一个前所未有的高度，20 年后，史上第一位作为后卫赢得世界足球先生荣誉的卡纳瓦罗成为了这里的又一个骄傲。《从那不勒斯的小巷到世界之巅》，这是卡纳瓦罗自传的名字，也是他职业生涯的缩影。

马拉多纳在那不勒斯如日中天的时候，卡纳瓦罗刚进入那不勒斯的青年队。为自己挚爱的家乡球队踢球，与球王并肩，这是何等的幸福！一次训练中，16 岁的卡纳瓦罗将马拉多纳铲翻在地，遭到教练的狠狠训斥，马拉多纳则阻止了教练，并对小法比奥说：" 别怕孩子，刚才你做得很正确。"

球王的鼓励打消了他心头的惶恐，也给了他莫大的鼓励，这个小巷里走出的孩子在飞速成长。1993 年 3 月 7 日，19 岁的卡纳瓦罗迎来了自己的意甲处子秀，那不勒斯 3 比 4 输给了尤文图斯。卡纳瓦罗的身高并不出众，但他有着超出年龄的成熟，而冷静的头脑和凶狠的铲断也弥补了他身体的劣势。年轻的卡纳瓦罗用出色的表现吸引了意甲强队的关注，1995 年，他告别那不勒斯，古老的圣保罗球场从此成为卡纳瓦罗职业生涯中一段永远珍藏的记忆，而正处在强劲上升势头中的劲旅帕尔马成了他的下一个驿站。

帕尔马，承载着很多中国球迷关于青春的回忆，那里也有卡纳瓦罗的青春记忆。当时的帕尔马刚刚夺得联盟杯冠军，后防线上云集贝纳里沃、阿波洛尼和米诺蒂三大国脚，但卡纳瓦罗很快就成为了绝对主力。图拉姆的到来、少年布冯的登场让帕尔马的后防线得到了又一次质的飞跃，他们同卡纳瓦罗一起成为了球队的防守核心。1999 年，帕尔马相继夺得了意大利杯、欧洲联盟杯和意大利超级杯，那也是卡纳瓦罗在职业生涯中第一次得到正式

▲ 1999年5月12日,卡纳瓦罗与队友在莫斯科的卢日尼基球场庆祝联盟杯夺冠。那一年,帕尔马还获得了意大利杯和意大利超级杯的冠军。

▽ 1997年法国四国赛,在同巴西队的比赛中,卡纳瓦罗和马尔蒂尼合力封堵罗纳尔多,留下经典一瞬。

比赛的冠军奖杯。

卡纳瓦罗 24 岁那年，蓝衣军团的大门也终于向他敞开。1997 年法国四国赛，他和马尔蒂尼两人合力封堵罗纳尔多，给世界足坛留下了经典一瞬。一年后的法国世界杯上，卡纳瓦罗一举奠定之后十余年的国家队主力中卫位置，当时的他被称为"地中海的阳光"，但球场上的他却是个不折不扣的拼命三郎。1/4 决赛对阵法国，卡纳瓦罗被对方前锋吉瓦什击中面部，血染征袍，但他经过简单治疗后戴着面具再次登场，而且在争抢头球时从不退缩，仿佛什么都没有发生过。正是这种刚毅的精神激励着意大利人，但最后的点球大战，年轻的卡纳瓦罗第一次感受到了足球带来的切肤之痛。

这种残酷在接下来的几次大赛中来得更加猛烈。2000 年欧洲杯，意大利队用卡纳瓦罗、内斯塔成功开创了一个混凝土式防守的新时代，很多人会不由自主地想起 1982 年的那支冠军球队。事实上，18 年后的这支意大利队更进一步，将防守足球升华到一个艺术的高度。半决赛惊险淘汰东道主荷兰之后，意大利在决赛中又一次面对法国。

0 比 1 落后的法国队殊死一搏，疯狂地进攻卡纳瓦罗镇守的右路。维尔托德压哨扳平比分，特雷泽盖金球绝杀，法国队两次强攻的方向都是意大利队的右路。卡纳瓦罗距离自己的第一个大赛冠军仅有几分钟的距离，但他却只能咬着手指，强忍着内心的痛苦，落寞地看着法国人欢庆的背影。

2002 年夏天，韩国大田世界杯球场，意大利队又在一场失衡的比赛中悲愤地离开。不过，对卡纳瓦罗个人来说，他在那一年真正开启了豪门生涯，穿上了国际米兰的蓝黑战袍。在国际米兰的两个赛季，卡纳瓦罗饱受伤病困扰，并没能展现出自己真正的实力，留给人们印象最深的不是他的防守，反倒是 2003/2004 赛季对阵雷吉纳时，他在 40 米开外打进的一记惊天远射。

当时的舆论四起，认为卡纳瓦罗已经开始走向下坡路，但他幸好遇到了卡佩罗。2004 年，在夏季转会窗口关闭前的最后一刻，卡佩罗将卡纳瓦罗带到了尤文图斯。在这里，卡纳瓦罗与曾经的队友布冯、图拉姆和费拉拉重逢，在这里，卡纳瓦罗涅槃重生。2005 年和 2006 年，他与球队一起蝉联

▲ 2005年5月29日，在尤文图斯队获得意甲冠军的颁奖典礼上，卡纳瓦罗高举冠军奖杯。

▽ 2007年6月17日，在最后一轮西甲联赛中，皇家马德里逆转击败马洛卡从而夺得冠军，卡纳瓦罗压在队友身上激情庆祝。

意甲冠军，在当时，攻破尤文防线是其他意甲球队最艰难的命题。那个无所不能的小个子中卫又回来了！

带着俱乐部的辉煌，卡纳瓦罗接过马尔蒂尼留下的队长袖标，出征德国世界杯。那届杯赛，卡纳瓦罗淋漓尽致地演绎了什么是防守之美，看他的防守甚至比看前锋的进球还要过瘾，他和布冯就像是为意大利的球门上了一把保险锁。

最终的决赛，不是冤家不聚首，对手又是法国。但与1998年和2000年不同，卡纳瓦罗再也没给对手一丝一毫的机会，铲球后倒在地上的他居然可以像弹簧一样平行于地面弹起，做出第二次铲球的动作。如此防守，还有谁能从他的身边逾越？当格罗索将制胜的点球罚进，那个从那不勒斯小巷里走出的孩子，终于站在了世界之巅。

那是卡纳瓦罗效力蓝衣军团的整整第100场比赛，黄沙百战穿金甲，不破楼兰终不还。卡纳瓦罗成为继科姆比、梅阿查和佐夫之后，第四位以队长身份举起

▲ 2006 年世界杯，卡纳瓦罗作为冠军意大利队的队长擎起大力神杯，那个从那不勒斯小巷里走出的孩子，终于站在了世界之巅。

世界杯金杯的意大利人，从此，他的名字在意大利足球传奇殿堂中与这些前辈们并列。凭借世界杯上的突出表现，这一年，卡纳瓦罗独揽欧洲金球奖和世界足球先生两项个人最高殊荣，这一年的卡纳瓦罗风光无限。

辉煌过后，卡纳瓦罗跟随恩师卡佩罗转战伯纳乌，经过了初来乍到的适应期，卡纳瓦罗在皇家马德里依旧成为了后防领袖，他的精神甚至感召着其他队友。因为伤病等原因，卡纳瓦罗身边的搭档频繁更迭，防线上年龄最大的他成为了出场时间最长的球员。在这里，他帮助皇马两夺西甲联赛冠军，虽然已过巅峰，但他依旧赢得了伯纳乌球迷的爱戴。在效力皇马的最后一场比赛里，当卡纳瓦罗被替换下场时，全场球迷起立为他鼓掌。

2009 年，已经 36 岁的卡纳瓦罗重回尤文图斯，为艰难重建中的斑马军团效力一个赛季，但当年的风采已经不复存在。一年后的南非世界杯

上，卡纳瓦罗和意大利队在小组赛便铩羽而归，随后不久，他便脱下了蓝色的铠甲，将自己在国家队的出场次数定格在136场，这个纪录超越了曾经的丰碑马尔蒂尼，直到2013年10月被布冯打破。南非世界杯决赛前，作为卫冕冠军队长，卡纳瓦罗将大力神杯放在约翰内斯堡足球城体育场的展示台上，那是一个轮回的终结，是对一段光辉岁月的告别。

从初出茅庐到功成身退，18年的时光里，他品尝过生命中最失意的苦涩，也聆听过生命中最激昂的乐章。他阳光般的笑容，他犀利的防守，他浴血奋战的顽强，他高举大力神杯的豪迈，所有的一切都在2011年7月画上句号。三年后，卡纳瓦罗的名字被写入意大利足球名人堂，金球后卫，永载史册。

◁ 2010年6月20日，卡纳瓦罗为对手送上乌龙助攻，意大利队在世界杯第二场小组赛中1比1战平新西兰。赛后，卡纳瓦罗神情黯然地走回休息室。

漂泊剑客 维埃里

克里斯蒂安·维埃里
Christian Vieri

国籍：意大利
出生地：博洛尼亚，意大利
出生日期：1973年7月12日
位置：前锋
俱乐部：都灵，比萨，拉文纳，威尼斯，亚特兰大，尤文图斯，马德里竞技，拉齐奥，国际米兰，AC米兰，摩纳哥，桑普多利亚，佛罗伦萨
俱乐部进球数：236球/476场
国家队进球数：23球/49场

总有一首歌，能让你想起他

歌名：You Wanted More
歌手：A-Ha

那是 1989 年的一天，意大利托斯卡纳地区的首府普拉托市的少年队里，俱乐部主席卢卡和刚进队不久的一个少年打赌，他说："如果你在比赛里打进一球，我就给你 5000 里拉作为奖励。"于是在主席的眼皮底下，少年第一场比赛就独中四元。赛后，卢卡主席一边数着两万里拉，一边和少年商量能否把进一个球的奖励变成 1000 里拉，这个少年的名字叫克里斯蒂安·维埃里。

维埃里出生在意大利的博洛尼亚，3 岁时跟随父亲漂洋过海来到大洋洲，因为父亲接受了澳大利亚球队的邀请前往效力。12 年后，维埃里只身返回祖国，因为父亲告诉他，只有在亚平宁才能真正实现关于足球的梦想。也许因为从小就有这样的经历，"漂泊"始终贯穿着维埃里的整个职业生涯。

这一特质在其职业生涯初期便已显现，他一年更换一支球队，都灵、比萨、拉文纳、威尼斯和亚特兰大都留下了他匆匆的脚印。即便 1996 年加盟豪门尤文图斯，他也只在那里待了一个赛季。

尤文阵中有皮耶罗、博克西奇和齐达内等大牌球星，但 23 岁的维埃里并不怯场，首秀便收获进球，并在单赛季打进 14 球，成为队内第一射手。在斑马军团，维埃里第一次尝到了联赛冠军的滋味，并和球队一起打进冠军杯决赛，只是在决赛中不敌多特蒙德。那时的维埃里面带青涩，还不用为球队的成败承担太多的责任与压力，获胜时，他会搂着好友齐达内，露出憨厚的笑容。在尤文图斯，维埃里留下过一个经典进球，在 6 比 1 狂胜 AC 米兰的比赛中，他强行突破巴雷西破门得分，让人感慨米兰队长英雄迟暮的同时，也吃惊于维埃里体内蕴藏的强大能量。

一年后，马德里竞技用 1650 万美元把维埃里带到了西班牙，他的奔跑和爆发力震惊了伊比利亚半岛。事实上很少有人知道，在学校时，维埃里就经常是短跑和跳高冠军。尽管因伤缺战多轮比赛，但在联赛中，他 24

次出场打进惊人的 24 球，荣膺西甲金靴。这个赛季，他实现了个人职业生涯的第一个帽子戏法，第一个独中四元，在对萨洛尼卡的比赛中，他还打进了一粒绝妙进球，一个紧贴底线的零度角吊射破门。

这一切，意大利国家队主帅老马尔蒂尼均看在眼里。1998 年法兰西之夏，当球迷们都在谈论着巴乔与皮耶罗的锋线组合时，老马尔蒂尼却将一个主力位置留给了维埃里。他也没有让老帅失望，首场比赛便攻破智利的球门，5 场比赛 5 个进球的效率令人惊讶。在 1/4 决赛对阵东道主法国前，他在球员通道内和前队友齐达内互致敬意，但在点球大战后，他却只能在齐达内的怀中哭泣，哭得像个孩子。他说，那个夏天是在泪水和齐达内的怀抱中结束的。

还是那个夏天，维埃里重返意大利加盟拉齐奥。因伤休战三个月后，联赛下半程，他的回归为球队注入了动力。那个赛季，拉齐奥一路高歌，在联赛还剩 7 轮的情况下领先 AC 米兰高达 7 分。但在冲刺阶段，拉齐奥却后劲不足，倒数第二轮客战巴蒂率领的佛罗伦萨，攻入一球的维埃里还有一次头球被门框拒绝，无奈地接受了 1 比 1 的平局，AC 米兰趁势 1 分反超并最终夺冠。不过在欧洲优胜者杯的比赛中，维埃里的进球帮助球队 2 比 1 击败马洛卡夺冠，弥补了联赛中的遗憾。

那时的维埃里已是世界足坛最顶尖的中锋，他的身价也在一次次转会中飙升，1999 年他以 900 亿里拉（约合 5000 万美元）加盟国际米兰，创造了世界足坛转会费纪录，同时也停止了自己一年一支球队的脚步。首场比赛面对维罗纳，维埃里延续着自己首秀必惊艳的传统，大演帽子戏法。

人们期盼着巴乔、罗纳尔多和维埃里的组合能在蓝黑军团大放异彩，但残酷的现实是，巴乔因与里皮的矛盾很快离队，罗纳尔多伤病缠身，只有维埃里成为了球队锋线的重要支柱。2001/2002 赛季，阿根廷主帅库珀到来，罗纳尔多伤愈复出，维埃里的 22 个进球让球队向着联赛冠军迈进。最后一轮，当维埃里在罗马奥林匹克球场破门时，他忘情地脱下球衣挥舞庆祝，国际米兰多年的冠军梦似乎就要实现，然而，接下来便是那让所有蓝黑球迷都不愿回首的"5·22 悲剧"。

维埃里　漂泊剑客

- 1999 年 1 月 10 日，拉齐奥队主场 2 比 0 击败佛罗伦萨，维埃里首开纪录。那个赛季，蓝鹰在大好局面下最终痛失联赛冠军。
- 1997 年 5 月 15 日，尤文图斯主场 4 比 1 大胜皮亚琴察，维埃里独中两元。
- 1998 年世界杯 1/8 决赛，维埃里攻入全场比赛唯一进球，意大利队 1 比 0 淘汰挪威晋级八强。

> 2002年5月5日，意甲最后一轮，国际米兰只要客场击败拉齐奥就能确保联赛冠军。维埃里第12分钟即打进一球，脱衣庆祝的他没有料到后来发生的一切。

> 1999年8月18日，在国际米兰队的皮内蒂纳训练基地，刚刚以创世界纪录身价加盟的维埃里同罗纳尔多合影，两大超级前锋在蓝黑军团合璧。

> 2002年世界杯1/8决赛，面对东道主韩国，状态火热的维埃里第18分钟率先破门，但意大利队最终被韩国人金球绝杀。

随即而来的世界杯，对维埃里来说，悲剧仍在继续。尽管他让全世界再次领略了他的强悍，4 场比赛轰进 4 球，但是 1/8 决赛面对韩国，最后时刻，在几乎面对空门的情况下，体力耗尽的维埃里将一个必进之球射向空中。他躺在地上久久没有起身，那一刻，命运的天平倒向了另一端，意大利最终被安贞焕的金球淘汰。由于伤病，他错过了 2006 年世界杯，也错过了随队登顶的绝佳机会，最好的维埃里在世界杯上留下了无尽的遗憾和不甘。

2002 年世界杯之后，罗纳尔多远走伯纳乌，维埃里几乎承担起了国际米兰的全部重任。2002/2003 赛季，他在 23 场比赛中打进 24 球，拿下意甲最佳射手，成为意大利足球先生。人们把他和曾经的国际米兰射手王安杰利洛相提并论，队友把王冠戴在进球后的维埃里头上，那时他就是梅阿查的国王。

可就在巅峰之后，伤病让已经 30 岁的维埃里状态下滑，连续两个赛季 13 球的成绩并不算糟，但很多人逐渐把巴西人阿德里亚诺看作新的国王，维埃里需要交出权杖。终于，2005 年夏天，他与蓝黑军团的缘分走到了尽头。国际米兰是维埃里效力时间最长的球队，他在这里效力 6 年，留下了自己最好的年华，留下了 123 粒进球，却只收获了一个意大利杯冠军。

离开国际米兰之后，同年轻时一样，维埃里再次开始了漂泊的生涯，只是彼时壮志满怀，此时却已满目夕阳。他在 AC 米兰、摩纳哥、桑普多利亚、佛罗伦萨都曾驻足停留，在亚特兰大更是三进三出。但浪子也会有厌倦的一天，2009 年 10 月 20 日，维埃里终于决定告别动荡的生活，结束了奔波之苦。

儿时远赴重洋，长大后四海为家，巅峰时期的维埃里强壮如山，但他的职业生涯却如同大海中漂浮的小舟，在狂风暴雨中前行的背后，那些付出只有自己才会懂得。他在 13 支职业球队中留下过身影，代表其中的 12 支球队有过破门，这何尝不是一种骄傲？漂泊中，岁月爬上发梢，在眼角留下痕迹，剑客般的维埃里浪迹天涯，品尝过集万千宠爱于一身的甜蜜，也体会过被漠视和抛弃的辛酸，但在他的心里有一份放不下的骄傲，在历练与沧桑中，铸就了另一种伟大。

总有一首歌，能让你想起他

＞＞＞

歌名：World of Our Own
歌手：Westlife

足球是一种美学，也是一种科学，因为它总能在变幻莫测的瞬间呈现出美妙绝伦的视觉享受。这种享受可以用言语描绘，以尽情抒发见证者内心由衷的赞叹，也可以用理论解读，在我们醉心于球场上某个惊艳瞬间的同时，更给它增添几分传奇色彩。

在世界足球历史上，如果有哪一个瞬间或者哪一名球员可以同时触发上述两种记录方式，那一定是 1997 年的 6 月 3 日的里昂热尔兰球场，一定是罗伯特·卡洛斯。

"马格努斯"效应是一项著名的流体力学理论发现，能懂其中奥秘者凤毛麟角，要想用精简的语言加以解释更是颇有难度，概括说来，它解释了飞行状态中的球体为什么会发生轨迹上的偏转，而当时卡洛斯完成的神奇之作让这一理论的热度迅速提高。

1997 年法国四国赛，东道主法国队对阵巴西队，战至第 21 分钟，卡洛斯在距离球门 35 米的地方打出了一记难以置信的外脚背抽射。皮球的飞行时间大概是 0.9 秒，在这不到一秒钟的时间内，我们通过电视画面看到了两个人的表情和动作，一个是皮球飞行时位于球门侧后方急忙闪躲的小球童，另一个是皮球入网后目瞪口呆的法国队门将巴特斯。巴特斯后来回忆说，当时他坚定地认为这个球会打偏，但他直到现在也无法理解，明明飞向角旗的皮球，怎么就突然转向飞向球门了呢？

其实，类似的弧线在足球比赛中并不少见，贝克汉姆、哈斯勒、斯托伊奇科夫等等都是绘制奇妙弧线的高手，而之所以卡洛斯的表演令人叹为观止，是因为他的射门方式、力量美学在这记匪夷所思的射门上体现得淋漓尽致。

就是这一夜，罗伯特·卡洛斯一球成名。

力量，是卡洛斯行走江湖的独门武器，关于他的腿部力量，坊间传闻有曰：卡洛斯之所以拥有世界足坛最强壮的腿部肌肉，是因为他出身贫苦，幼时经常需要去工厂帮助拉煤补贴家用。卡洛斯本人极少公开讲述自己的童年故事，巴西一家电视台倒是走访过卡洛斯的母队帕尔梅拉斯俱乐部，对于他的过去有过一番追问，得出的结论是卡洛斯并没有冒险充当童工的经历，拉煤之说更是子虚乌有。

不过，卡洛斯的确是苦出身，甚至让他后来名满天下的金左脚在童年时期都不能算健康。不过后天的勤奋训练让卡洛斯改变了命运，日益显现的足球天赋让他在众多的巴西少年中脱颖而出。帕尔梅拉斯拉开了他足球人生舞台的帷幕，国际米兰为他鸣响了职业生涯巅峰乐章的前奏，皇家马德里则让他一步跻身顶级巨星的榜单。

也许是卡洛斯出众的力量天赋太过惹眼，使得他同样颇具水准的技术和球感显得不那么出类拔萃。就连卡洛斯自己都承认，他不是人们印象中典型的巴西球员，不具备小罗那样精灵鬼魅的脚下技术，也无法像罗比尼奥和内马尔一样被冠以"单车少年"的美誉。卡洛斯的足球直来直去、硬桥硬马、拳拳到肉，结实的下盘功夫让他在与任何对手的短兵相接中都能做到坚若磐石，所以，他成为了边锋最不愿意面对的那一类后卫。

除了硬碰硬的贴身较量，卡洛斯尤为喜欢在速度上给予对手身体上的碾压以及内心的鞭挞，对此感受最深的想必就是巴萨的中场大脑哈维。2005年4月11日的伯纳乌球场，卡洛斯落后哈维几个身位启动，哈维虽拼尽全力奔跑，但仍然被卡洛斯在一秒内强行超车，又眼睁睁看着卡洛斯送出传球助攻劳尔得分。这恐怕是哈维职业生涯最不愿回忆的瞬间了。

强悍的体魄给了卡洛斯统治球场边路的资本，左后卫是他职业生涯唯一的角色定义。也只有边后卫的位置才能成就卡洛斯，这也是为什么在1996年，当霍奇森在国际米兰执意要将卡洛斯改造成边

> 1997年6月3日，在同法国队的四国赛中，卡洛斯主罚直接任意球，左脚外脚背抽出了一记不可思议的弧线飞进球门。

锋,巴西人毅然决然地选择了离开。任凭老莫拉蒂如何好言相劝,卡洛斯依然头也不回地离开了米兰城,这才有了后来在马德里坚守 11 年的光辉岁月。

这 11 年,卡洛斯用全部的青春为皇马换回了四座联赛冠军,三次登顶欧洲王座,两次丰田杯征服世界。1998 年的国王杯赛场,卡洛斯脚踩底线重炮出膛,绝对零角度轰门命中绝对死角,此球的欣赏价值甚至超越了范巴斯滕 1988 年的神奇之作。2002 年汉普顿公园球场,正是卡洛斯的边路

◁ 2000年5月24日，皇家马德里在法兰西大球场3比0击败巴伦西亚夺得欧冠，卡洛斯镇守的左路让对手无懈可击。

▷ 在1997年国际足联世界足球先生的评选中，两位巴西球星罗纳尔多和卡洛斯分列前两位，球王贝利为自己后继有人而欣喜不已。

传中为齐祖架炮，天外飞仙名震江湖。在皇马的最后一个赛季，在他早已决心离开的时候，卡洛斯客战维尔瓦的最后时刻打进关键绝杀，帮助皇马在同巴萨之间白热化的冠军之争中继续领跑。皇马11年，卡洛斯在西甲赛场留下了16粒直接任意球破门，纪录空前，直到2015年才被C罗超越。

即便在皇马信奉技术足球的年代，在齐达内、罗纳尔多、贝克汉姆、菲戈、劳尔掌权皇马场上局面的时期，卡洛斯在队中的地位反而更加稳固。在世纪之交率领皇马缔造辉煌的博斯克这样评价卡洛斯："我可以换下菲戈，可以换下劳尔，也可以找人替代齐达内，但是卡洛斯，只要他还能跑，我就要把他放在场上。"卡洛斯的价值就体现在他的独特并且不可替代，他并不高光四射，优雅醉人，但是能够在左后卫的位置上与他平起平坐的人却是凤毛麟角。在 1997 年，如果不是他的同胞罗纳尔多外星人般的表现征服了地球上所有的足球判官，或许卡洛斯就将以后卫之身荣膺世界足球先生的殊荣。

如果提到某个场上位置，你就能想到某个名字，那他一定是将自己的角色演绎成传奇的人。卡洛斯就是左后卫的传奇，也许有人说他没有马尔蒂尼的队魂气质，也无法像法切蒂那样成为一个时代的象征，但是卡洛斯身上是带着光的，这道光闪过的时候，会在你的脑海中刻下深深的烙印，具有很强的辨识度。

对中国球迷来说，这道光在 2002 年点亮了我们对于那届世界杯的独家记忆。这份记忆和中国队有关，我们第一次在世界杯上面对真刀真枪的巴西足球，而相信当时站在卡洛斯对面的祁宏、肇俊哲、郝海东、马明宇以及李霄鹏一定记忆犹新，那粒时速 149 公里的射门呼啸般从他们身边滑过，飞进中国队的球门，也飞进了我们的脑海深处，停留在那里，直到现在，直到未来。

2002 年是卡洛斯职业生涯的巅峰，皇马捧起欧冠，巴西队荣升五星，在那之后直到卡洛斯退役，皇马再无欧冠之缘，桑巴黄衫也难登世界之巅。这并非是要标榜卡洛斯的功名，只是时代一直在变，卡洛斯却始终是我们刚刚认识他的样子。即便是后来在费内巴切和安郅度过自己职业生涯的迟暮之年，卡洛斯依然保持着极高的竞技水准。球场左路的两条底线之间，卡洛斯一直在奔跑，与其说他拥有世界足坛最强壮的大腿，不如说他始终保持着对足球的敬畏之心，只要站上球场，就全力以赴，力从地起，绝不吝惜。

在如今这个大家争相效仿"电梯球"的时代，"两点之间直线最短"的任意球哲学似乎已不再流行，但如果你想体会足球世界中力量带来的震撼之美，那么不要忘了有这么一种定位球，力拔山兮，有这么一名球员，无可代替。

∧ 2002年世界杯小组赛，卡洛斯轰出了一粒时速149公里的任意球，从中国队的人墙边上呼啸而过。

> 2002年世界杯，巴西队荣升五星，皇马捧起欧冠，那是卡洛斯职业生涯最巅峰的一年。

∨ 中国球迷对卡洛斯的这个进球印象尤为深刻，那或许是我们关于2002年世界杯的一份独特记忆。

总有一首歌，能让你想起他

♪♪♪

歌名：Hold On
歌手：MercyMe

  1999 年 5 月 26 日，巴塞罗那诺坎普球场，所有曼联球迷都不会忘记那个夜晚所发生的一切。欧洲冠军联赛决赛，曼联对阵拜仁慕尼黑，巴斯勒第 5 分钟的进球把曼联推向了绝境。70 分钟过后，谢林汉姆和索尔斯克亚相继替补登场，但直到伤停补时，0 比 1 的比分暂时还没有更改。

  而那场比赛的最后 3 分钟，诞生了欧冠历史上最大的奇迹。

  英国著名足球评论员马丁·泰勒的解说激情四溢，同曼联的那两个进球一起，成为了不可磨灭的经典：

  "补时 3 分钟，曼联能进球吗？他们经常在最后时刻进球。贝克汉姆，开出角球，对方解围，吉格斯起脚射门……谢林汉姆！他的名字将留在光辉史册上。谢林汉姆为曼联扳平了，曼联在欧冠决赛中起死回生！"

  "贝克汉姆，又一次开出角球，谢林汉姆头球摆渡，索尔斯克亚进球了！曼联登上了巅峰，还从来没有哪支球队能够如此戏剧性地夺得欧洲冠军。在悬崖边缘，他们从没有放弃。不管你是在哪儿观看的 1999 年冠军杯决赛，但不管你在哪儿，都会记得索尔斯克亚这神奇的最后一脚！"

  不可思议的夜晚，梦想成真的夜晚，那神奇的一脚，让索尔斯克亚的名字从此被载入史册。更多人认识了那张还略带青涩的娃娃脸，迎风飘扬的三冠王旗帜上更是永远记载着那光辉的时刻。

  老特拉福德，球员心中的魔鬼主场，球迷心中的足球圣殿。在老特拉福德百余年的历史中，有一个角落非常引人注目，那是属于曼联死忠球迷的西看台。在 1999 年三冠王的荣誉之后，那里出现了一副悬挂至今的横幅——20 LEGEND（注："20 Legend" 为双关语，既表示 "传奇 20 号" 之意，同时 "OLe" 恰好是索尔斯克亚的名字 "奥莱"），曼联的 20 号战袍就这样因为一个人而变得伟大。但这一切，在仅仅 3 年前的 1996 年夏天，几乎是不可想象的。

  那时，年仅 23 岁的索尔斯克亚从挪威莫尔德队转会而来，曼联只花了

150 万英镑。当时弗格森未能如愿得到阿兰·希勒，人们难免质疑，难道要指望这个名不见经传的球员代替原本为希勒所设定的位置？恐怕连弗格森本人也从未那么想过。

一个月后，在曼联与布莱克本的比赛中，1 比 2 落后的曼联在第 61 分钟换上了首次登场的索尔斯克亚。8 分钟后，他单刀破门为曼联扳平比分，第一次享受到主场球迷的欢呼。据他自己回忆，他在曼联最美好的时刻正是处子秀中的这个处子球，因为这一下子让他意识到，自己真的已经来到老特拉福德了。1996/1997 赛季，索尔斯克亚在联赛中出场 33 次打进 18 球，成为了曼联当赛季的最佳射手。

在曼联的历史上从不缺少传奇前锋，索尔斯克亚虽然不具备乔治·贝斯特的天赋、马克·休斯的冲击力、埃里克·坎通纳的气质，但他所独有的轻灵飘逸和精湛射术，好似一把锋利的无名剑，成功地在老特拉福德划开了一片属于自己的天空。透过那片天空，曼联球迷眼中浮现的总是那一张青春的、微笑的、可爱的娃娃脸。

要想征服梦剧场，一定要先征服这里的球迷，这是曼联历来的传统。这些年来，面对层出不穷的巨星，红魔球迷显然各有所爱，但只有面对索尔斯克亚时，所有的人都会爱他。曼联的球迷还有一个传统，喜欢为自己最喜爱的球星编制歌谣。在著名的美国乡村名曲《你是我的阳光》中有一段是这样唱的："你是我的阳光，我唯一的阳光，当天空变得昏暗，只有你能将它照亮"。从 1998/1999 赛季开始，曼联球迷根据索尔斯克亚名字的谐音，将这首旋律优美的名曲改编为《你是我的索尔斯克亚》。从此之后，每一次在梦剧场传来曼联 20 号进球的消息，你都会听到西看台上这样的声音："你是我的索尔斯克亚，我唯一的索尔斯克亚，当天空变得昏暗，你却能将它照亮。当情况变得危急，你却能不断进球，请不要带走我们的索尔斯克亚！"

1999 年三冠王，2000 年创纪录的 18 分优势夺冠，2001 年成就英超史上第一个三连冠，在这段光辉历程中，索尔斯克亚奉献了 52 个进球，同跟他年龄相仿的红魔 92 班一起，把曼联推向了巅峰。

更重要的是，这个被称作"超级替补"的球员总能用自己的方式改变比赛。

索尔斯克亚　娃面刺客

∧ 1998/1999赛季欧冠决赛，伤停补时第3分钟，索尔斯克亚的门前垫射使得曼联完成了世界足球史上不可思议的一次超级逆转。

> 不可思议的夜晚，梦想成真的夜晚。那神奇的一脚，让更多人认识了这张还略带青涩的娃娃脸，欧冠史册上更是永远记载着那光辉的时刻。

∨ 不管你是在哪儿观看的这场决赛，但不管你在哪儿，都会记得索尔斯克亚这神奇的最后一脚。

▲ 1999 年 2 月 16 日，曼联客场对阵诺丁汉森林，索尔斯克亚替补出场后在 12 分钟内上演大四喜，帮助曼联 8 比 1 大胜，这是他超级替补生涯的又一经典篇章。

即使比赛只剩下十几分钟，当换人牌上显示 20 号的时候，一切都像刚刚开始。弗格森在更衣室中最令人振奋的一句话是："伙计们，进不了球没关系，最后 15 分钟我让奥莱上去！"也许对他来说，十几分钟真的已经足够。1998/1999 赛季同诺丁汉森林的比赛中，索尔斯克亚在替补出场后 12 分钟的时间内上演大四喜，帮助曼联 8 比 1 大胜，创造了最短时间内连进 4 球的英超纪录。那场比赛，成为了索尔斯克亚超级替补生涯的经典篇章，同 1999 年冠军杯最后的神奇一脚一样，演绎了一个传奇的替补，也演绎了一段替补的传奇。

2002 年 8 月，赛季英超首轮，曼联迟迟打不开西布罗姆维奇队的大门，老特拉福德上空开始变得昏暗，索尔斯克亚再一次替补登场，将天空照亮，这恰恰是他为曼联打进的第 100 球。他有着 3 分钟的魔力，绝地反击的气概，之所以被球迷视作传奇，不是因为他的进球数量，而是因为他的进球总能出现在最危急的时刻。弗格森称他是"会在场下阅读比赛的杀手，是历史上的最佳替补球员，拥有超凡的足球智慧。"

红色梦剧场的梦，飞得遥远；老特拉福德的爱，从来没有界限；11 年

索尔斯克亚　娃面刺客　　Ole Gunnar Solskjaer

△ 2006 年 9 月 13 日，曼联在欧冠小组赛中主场 3 比 2 险胜凯尔特人，又是替补登场的索尔斯克亚攻入了制胜一球。

来，你一直都在我们的眼前，像昨天一样的笑脸。哪怕是在 2003—2006 年之间，那段你长期被伤病困扰的日子里，也没有人怀疑你不会再和你熟悉的进球一起归来。是的，索尔斯克亚回来了，曼联人没有惊讶，只是崇敬。2006 年 9 月，时隔三年后，老特拉福德又迎来了索尔斯克亚的进球，英雄归来，辉煌记忆重回故地。而就在一个月前，索尔斯克亚刚刚在客场打进了伤愈回归后的第一个进球，进球后的他对球迷深鞠一躬，好久不见，彼此之间有着一种特别的思念。

然而最终还是伤病，让我们不得不告别这段超级替补的故事。那是 2007 年 3 月 31 日，索尔斯克亚打进了 11 年曼联生涯的最后一个进球，如同命运的安排，对手正是当年他首战进球的布莱克本队。唯一的不同是，11 年前那张青春的娃娃脸，如今已变得沧桑。

老特拉福德的看台上还在一遍一遍地唱响："请不要带走我们的索尔斯克亚！"不知道这熟悉的旋律还会唱多久，但我们一定知道，当有一天这歌声不再响起，我们却依然会想起，那段 11 年的传奇岁月，和当年的你。

古典之美

鲁伊·科斯塔

鲁伊·科斯塔
Rui Costa

国籍：葡萄牙
出生地：里斯本　葡萄牙
出生日期：1972 年 3 月 29 日
位置：中场
俱乐部：本菲卡，法费，佛罗伦萨，AC 米兰
俱乐部进球数：97 球 /684 场
国家队进球数：26 球 /94 场

总有一首歌，能让你想起他

> > >

歌名：Thank You
歌手：Dido

  如果要把鲁伊·科斯塔写进顶级巨星的名录列传，与齐达内、罗纳尔多、菲戈这些名字平起平坐，共享众生膜拜，总觉得不够有说服力。纵横足坛 18 载春秋，鲁伊·科斯塔没有留下哪怕一项显赫的个人荣誉，不过，他踢球似乎并不是为了什么功名利禄，他所享受的足球很纯粹，就像他温文尔雅的性格，没有任何戾气，甚至没有脾气，他踢球时的专注演绎着独一份的优雅。

  1991 年世青赛为葡萄牙足球推开了新时代的大门。在光明球场进行的决赛中，鲁伊·科斯塔罚进了最后一个点球，葡萄牙通过 12 码决战击败巴西，成为了当时世界足球新势力的佼佼者。在当时那支队中，鲁伊·科斯塔就已经是经典的 10 号位球员，娴熟的节奏把控让全队始终保持着清晰的比赛线路。葡萄牙的黄金一代犹如一股清新之风，让全世界看到了葡萄牙足球华丽的蜕变。

  也许是性格天生安静，鲁伊·科斯塔的星光不及日后大红大紫的菲戈，甚至相比平托、拜亚也不显得耀眼，但在那个时候，人们逐渐发现，这个安静的 10 号正在颠覆传统的足球思维。没有鲜明的个性，没有浮夸的过人动作，也不像菲戈那样喜欢在边路碾压对手，球场上的鲁伊·科斯塔只是神色淡然地咀嚼着口香糖，将球袜穿到一半，露出半个护腿板，在中场闲庭信步般地飘游传控。但与此同时，球场各个角落的风云变幻都被他尽收大脑回路之中，任何的细微变化都在他的感知范围内，就算机会稍纵即逝，他也能在顷刻之间快剑凌空，以柔克刚。

  在足球世界，靠身体搏出机会的，是勇士；用头脑操控大局的，是天才。天才多不会为功利而生，正如一个将创作视为生命的艺术家不会为名禄而舍弃艺术的唯美。鲁伊·科斯塔生而浪漫，正是因为这种骨子里的浪漫，让他并不甘愿在名门望族的秀场里随波逐流，所以，他选择了文艺气息浓郁的佛罗伦萨，选择了去代言那个纯粹的紫金年代。

那是紫百合球迷最留恋的一段时光，巴蒂和鲁伊是这座艺术之都的能工巧匠，每一场比赛，都是他们的匠心之作。在被称为"小世界杯"的意甲，佛罗伦萨的足球好像构架了一种特殊的意境，巴蒂斯图塔气吞山河，力拔山兮，而在他身后的鲁伊·科斯塔逍遥细腻，柔和雅致。在巴蒂的锋芒下，鲁伊显得平淡而低调，但这恰好给了他一个专注于修炼自己足球艺术的舒适环境。

在佛罗伦萨的 7 年，鲁伊·科斯塔的才华尽显，穿插调度演绎极致优雅，不经意的远程发炮也可以石破天惊。对于鲁伊来说，巴蒂实在是最合拍的搭档，他总能出现在最恰当的位置，为鲁伊精心设计的图画添上最奇绝的一笔。有人说，Bati-Goal 不只属于巴蒂一个人，成就 Bati-Goal 的是巴蒂斯图塔，而创造 Bati-Goal 的，则是鲁伊·科斯塔。每当巴蒂气势磅礴地完成进球，鲁伊总会在巴蒂狂放的长发背后露出微笑，饱含着欣然的愉悦。相比亲自攻城拔寨，鲁伊似乎更喜欢看着队友将自己的奇思妙想化作致命一击。

在佛罗伦萨，鲁伊·科斯塔抱着择一城终老的信念坚守了 7 年时光，但俱乐部却被突如其来的经济危机拖进深渊。巴蒂和鲁伊，这两面旗帜是支撑佛罗伦萨球迷继续保持热爱的引路明灯。当巴蒂最终选择离去，鲁伊戴上了他留下的队长袖标，试图凭一己之力去延续紫百合渐息渐弱的花蕾。然而，鲁伊终无回天之力，2001 年，佛罗伦萨以 4200 万欧元的高价将他卖到 AC 米兰，这笔巨额转会费也使得佛罗伦萨得到了续命的喘息之机。背起行囊前往米兰城，泪洒机场的鲁伊·科斯塔感动了佛罗伦萨，他的名字已经是这支球队的一段历史。

来到米兰城，鲁伊·科斯塔真正抵达了职业生涯的巅峰，在他身边有皮尔洛、西多夫、里瓦尔多、舍甫琴科，那是红黑军团的鼎盛时期。群星掩映下的鲁伊·科斯塔依然如流水般从容优雅地踢着自己的足球，相比身边的大牌队友，他看似朴实无华的球风显得更加难能可贵。在他的大脑中，球场不是简单的三维构成，而是一种四维空间，对于时机出神入化的

鲁伊·科斯塔 古典之美

> 鲁伊·科斯塔和巴蒂斯图塔是佛罗伦萨这座艺术之都的能工巧匠，两人共同效力之时，留下了紫百合球迷最为怀念的一段时光。

∨ 1998 年 9 月 12 日，意甲首轮比赛，佛罗伦萨主场 2 比 0 击败恩波利，鲁伊·科斯塔第 6 分钟首开纪录，巴蒂则在第 60 分钟锁定胜局。

∧ 2001 年，鲁伊·科斯塔来到米兰城，他的身边有舍甫琴科、因扎吉，那是红黑军团的鼎盛时期，科斯塔也真正抵达了自己职业生涯的巅峰。

把握能力让鲁伊可以在不经意的摇摆当中，利用对手刹那间的错愕捕捉杀机，完成致命一传。

2002/2003 赛季欧冠赛场，在拉科鲁尼亚的里亚索球场，鲁伊奉献梦幻表演，送出难以置信的 4 次助攻，实现了 AC 米兰的 4 个进球，连拉科球迷都为他送上掌声。鏖战皇马，鲁伊·科斯塔一记惊世骇俗的 60 米贴地直传撕破对手防线，助攻舍甫琴科打进全场唯一入球，那是典型的鲁伊·科斯塔瞬间。当激情如火的 AC 米兰遇到含蕴静雅的鲁伊·科斯塔，这种相得益彰的默契让红黑军团爆发出的攻击力令整个欧洲臣服。那个欧冠赛季，31 岁的鲁伊终于圆了自己的欧冠梦想，尽管他早已具备这样的水准。

鲁伊·科斯塔很庆幸，自己职业生涯黄金期的最后 5 年能在米兰度过。虽然他很快就已经无法追赶卡卡的青春朝气，但他依然大度地将自己的毕

▲ 2004年欧洲杯1/4决赛，在加时赛中，鲁伊·科斯塔一支穿云箭刺破英格兰城池。

生经验倾囊相授。我们后来看到的那个传射俱佳的卡卡，你是否能在他身上看到些许鲁伊·科斯塔的影子？

也许鲁伊·科斯塔的俱乐部生涯不是那么完美，他也曾希望在国家队有所作为，作为黄金一代的中场核心，鲁伊有机会为葡萄牙创造历史。2000年欧洲杯，他在对阵英格兰的比赛中上演助攻帽子戏法，"性感足球"让世界惊艳。但在半决赛中，葡萄牙队难奈那支更加无懈可击的法国队，那个更加完美的齐达内。

4年之后，葡萄牙本土举办欧洲杯，那是黄金一代的谢幕演出，也几乎是鲁伊·科斯塔最后的机会。1/4决赛葡英大战，加时赛中，一支穿云箭刺破三狮军团城池，这是典型的鲁伊·科斯塔式进球，随心所欲之中突然发力，不给对手留下一丝防范空间。

只可惜，鲁伊·科斯塔和葡萄牙队又一次成为了悲情的主角，希腊神话给葡萄牙人留下了至今难以抚平的伤痛。还是光明球场,那年欧洲杯的决赛没有让鲁伊重温 13 年前捧杯的欢喜,但他仍旧心如止水地站在那里,胸有波澜却面如平湖。大将之风的鲁伊·科斯塔静静地看着 19 岁的 C 罗泪流满面,葡萄美酒夜光杯的美妙画卷只能暂时被鲁伊收作心底的一种祝愿,留给年轻的后辈去实现。好在,葡萄牙足球的传承者在 2016 年夏天圆满了这个梦想,当鲁伊看到 C 罗举起欧洲杯的那一刻,那张冷峻的脸上一定会有发自内心的笑容。

2008 年 5 月,落叶归根的鲁伊·科斯塔在本菲卡挂靴退役,在梦开始的地方完成谢幕,对于一名球场艺术大师来说是最圆满的结局。他平淡地出现,又安静地离开,只是,当鲁伊褪下戎装,风止云息,那种无关肌肉和力量的惊鸿优雅也渐渐归寂,就算不日再见,也难再复旧日模样。

> 2004/2005 赛季欧冠 1/4 决赛第二回合,国际米兰主场对阵 AC 米兰,国际米兰球迷向场内投掷了大量烟花制造事端,AC 米兰门将迪达的肩膀被击中导致比赛中断。科斯塔同马特拉齐并肩看烟火的场景成为米兰德比史上的经典。

总有一首歌，能让你想起他

>>>

歌名：What Makes You Beautiful
歌手：One Direction

  2003年3月12日的马德里，寒意袭身。但这个夜晚的伯纳乌，却让人感受不到一丝寒冷。一向挑剔的皇马球迷把经久不息的掌声献给了一位对方球员，但或许在他们的心中，这个"对手"永远心属伯纳乌。

  这个他们眼中陌生的米兰5号，是他们曾经无比熟悉的皇马6号，这个人是雷东多。那一天，他们的王子回家了。

  曾经，作为金元足球的牺牲品，雷东多离开了一生挚爱的皇马。尽管那时有将近九成的皇马球迷不同意弗洛伦蒂诺出售雷东多，但一切无能为力。尽管球迷们一遍遍高喊着"要雷东多，不要菲戈！"，但他们震耳欲聋的呼喊声效果却微乎其微。他们能做的，就是当王子回家时，送给他热烈、持久的掌声。掌声里有对过往的歉疚，但更多的，是对过往无尽的爱与眷恋。

  为什么会如此之爱？

  雷东多是皇家马德里的永恒王子，他身上的贵族气息与皇马的气质浑然天成。优雅不足以形容雷东多的足球，他的优雅中有力量，有思想，浪漫飘扬。

  2000年4月19日的老特拉福德，那是属于雷东多一个人的梦剧场，欧冠1/4决赛次回合，他用一个充满想象力的过人征服了梦剧场的球迷。面对博格的防守，他用一个轻巧的脚后跟磕球，彻底晃晕了对手。强行超车后，他的精准传球穿越了斯塔姆的拦截，找到了面对空门的劳尔，后者要做的就是轻松笑纳大礼，这是两位伯纳乌王子之间心有灵犀的配合。

  尽管这个一蹴而就式的破门方式几乎毫无难度可言，但这个进球依然会是历史最佳进球榜单中的常客，只因为雷东多那个华彩的过人，一个在那个年代超越人们想象力的完美过人。志在卫冕的曼联，倒在了雷东多的脚下。弗格森赛后留下了那句经典的评论："我真想看看雷东多的鞋子里究竟装了什么？是磁铁吗？"而英国媒体也说，毫无疑问，这个夜晚，上

△ 2003年3月12日，欧冠第二阶段小组赛，AC米兰客场挑战皇家马德里，雷东多同皇马后腰弗拉维奥·孔塞桑争抢。雷东多重回伯纳乌，受到了皇马球迷的热烈欢迎。

帝就是那个皇马的阿根廷人。

那个赛季，雷东多也像这个过人一样完美。进攻中，他穿针引线，调配自如；防守中，他密不透风，筑起屏障。那个赛季，雷东多成为了欧冠联赛的最有价值球员，皇马也再度问鼎欧冠，这已经是雷东多带给皇马的第二座欧冠奖杯。

他掌控着一切，而且是优雅地掌控一切，即使与被世界足坛公认为艺术大师的齐达内相比，雷东多也不落下风。1997/1998赛季的欧冠决赛，齐达内在与雷东多的对决中没有占到半点便宜。而此前的半决赛中，多特蒙德全队已经领略了雷东多的凌厉，那场比赛被誉为是"电脑雷东多的个人表演"，他的每脚传球几乎都是致命一击。整个伯纳乌都为他们的王子

∧ 1997/1998赛季欧冠决赛，雷东多领衔的中场掌控住了局面，皇家马德里1比0力克尤文图斯夺冠。

> 1999/2000赛季欧冠1/4决赛第二回合，皇家马德里做客老特拉福德，在这场比赛中，雷东多奉献了一个绝妙的脚后跟过人，助攻劳尔破门得分。

所倾倒，一座欧冠奖杯，只是一份水到渠成的礼物。

但谁都不会想到，就在雷东多为皇家马德里赢下第二座欧冠奖杯之后，他会被主席弗洛伦蒂诺扫地出门。曾经，雷东多站在皇马的对立面上，两次率领特内里费在联赛最后关头搅黄了皇马人的夺冠盛宴。曾经，皇马不惜重金，就是为了把这个让他们无比头疼的皇马克星招致麾下。而这次，雷东多却要成为弗洛伦蒂诺巨星政策的牺牲品。

六年时光，昔日的皇马克星早已不在，取而代之的则是皇马人心中的永恒王子雷东多。但当木已成舟，一切于事无补，落寞的雷东多只能背起行囊，离开他的家，那个背影距伯纳乌渐行渐远。下一站，米兰。

而最好的雷东多，似乎从来没有真正穿上过 AC 米兰的红黑色战袍。在米兰的时光里，雷东多伤病缠身，医生成为了他最好的朋友。在加盟米兰的 26 个月之后，他才迎来了在 AC 米兰的首秀。没有人知道，在那段黯淡无光的岁月里，雷东多经历了什么，能够重新回到球场似乎就已经是一场难能可贵的胜利。

但即使无缘出场，雷东多也在用他的方式，讲述他的足球哲学和为人哲学。有一天，他来到米兰俱乐部经理加利亚尼的办公室，告诉他，在养伤期间，米兰无需支付他任何一分钱的薪水。这是雷东多的方式，当足球与金钱变得似乎越来越密不可分的时候，雷东多用他的行动诠释何为高贵，何为优雅。在纷繁的足球世界，雷东多像一股清流，从不懂什么叫随波逐流，忠于自己，就是最好的方向。

当然，忠于自己也给了雷东多一个命运多舛的国脚生涯。这位自由翱翔的潘帕斯雄鹰因为不肯剪去自己的一头长发，从而与阿根廷的铁血主帅帕萨雷拉交恶。即使马拉多纳与阿根廷总统从中调停，雷东多也不肯妥协，在自己足球生涯的巅峰时期，他无缘代表阿根廷队征战 1998 年的法国世界杯。这是一份执拗，一份忠于自己的执拗，它让他的人生充满遗憾，但他的人生也同样因为这样的遗憾而完美，因为那些爱他的人，由此更加无法自拔。

历经岁月的沉浮，雷东多天然的蓝白色在沉淀下来之后，只剩下了那抹优雅的白色，雷东多永远属于皇家马德里。在与 AC 米兰结束职业合同后，34 岁的雷东多选择了马德里郊区一支名叫查卡里塔的业余俱乐部继续他的足球生活。这里距离伯纳乌并不遥远，只是这里不再有伯纳乌的人声鼎沸，但当风静静地吹过，闭上眼睛，雷东多的脑海里，不时浮现出伯纳乌的旧时光。

王子褪下了他的白色铠甲，却永远褪不去那层白色的皮肤。无论他行至何方，那个白衣飘飘的年代，都将与王子同在，那份白衣飘飘的优雅，都将与王子同在。

△ 1994年，雷东多征战美国世界杯，长发飘逸，球风潇洒。不过，由于拒绝接受主教练帕萨雷拉要求国脚剪掉长发的军令，状态正佳的雷东多被排除在了1998年世界杯大门之外。

左脚提琴手

达沃·苏克
Davor Suker

国籍：克罗地亚
出生地：奥西耶克，南斯拉夫
出生日期：1968年1月1日
位置：前锋
俱乐部：奥西耶克，萨格勒布迪纳摩，塞维利亚，皇家马德里，阿森纳，西汉姆联，慕尼黑1860
俱乐部进球数：235球/516场
国家队进球数：46球/71场

总有一首歌，能让你想起他

>>>

歌名：You'll Be in My Heart
歌手：Phil Collins

　　当一名球员被形容为可以用他的左脚拉小提琴，那他该拥有怎样的一只左脚呢？1996年欧洲杯，达沃·苏克就向世人展示了那只金左脚的魅力，他用它演奏出了最动听的乐章，让全世界的球迷沉醉其中。

　　小组赛迎战卫冕冠军丹麦，苏克那脚妙至毫颠的挑射破门，如弧光出鞘，四两拨千斤，即便神勇如舒梅切尔，也只能望球兴叹。1/4决赛对阵德国，苏克灵感迸发，面对出击的科普克，他举重若轻地左脚脚底拉球过人后破网。观此绝世佳作，似席座乐府听名家金曲，余音绕梁久不相忘。

　　这两幕经典的场景究竟哪一个更能体现苏克的左脚技术，仁智各见。不过，苏克脚底拉球过掉科普克的一幕，以此为本，诞生了可能是世界足坛最生动的一句描述——苏克拥有一支会拉小提琴的左脚。能做出这个动作的人其实不在少数，但苏克的表演在欣赏程度上已经达到了美学的境界，毫无瑕疵，无人能出其右。

　　1996年欧洲杯让苏克名声大噪，让他的金左脚享誉世界，同时，也让人们为首次亮相世界大赛的克罗地亚队惊叹不已。从那时起，将国旗穿在身上的克罗地亚队一下子就赢得了众多球迷的青睐，不少人直观地认为他们才是欧洲技术流派的代表。事实上，格子军团能有如此惊艳的首秀并不出人意料，因为他们从才华横溢的南斯拉夫足球中分离出来，是蜚声世界足坛的巴尔干雄鹰的重要分支。

　　20世纪80年代末，对于南斯拉夫这个国家来说并非太平盛世，但是，这里的足球却迎来了人才井喷的时期。当今天的人们都在讨论西班牙或者德国足球的崛起和强大，谁又曾想到，如果当年南斯拉夫没有因为战争的纷扰而四分五裂，这20余年的时间，他们将锻造出一股何等强大的足球力量。

　　1987年世青赛，那支站在冠军领奖台上的南斯拉夫队星光熠熠，博

△ 1997/1998 赛季欧冠决赛，皇马时隔 32 年再夺欧洲冠军杯，这也是苏克个人俱乐部生涯的至高荣誉。

◁ 1996 年欧洲杯 1/4 决赛，苏克左脚脚底拉球晃过德国门将科普克后推射破门，他那只"会拉小提琴"的黄金左脚名不虚传。

▽ 1998 年世界杯上的克罗地亚队让人眼前一亮，除了他们独具特色的格子球衣之外，阵中更是猛将云集。前排从左至右：博班、贾尔尼、普罗辛内斯基、苏克、西米奇；后排从左至右：拉迪奇、比利奇、斯蒂马奇、斯塔尼奇、索尔多、阿萨诺维奇。

班、普罗辛内斯基、米哈伊洛维奇、斯托伊科维奇、萨维切维奇、潘采夫、博克西奇、米亚托维奇、达沃·苏克，每一个名字在日后的国际足坛都如雷贯耳。苏克在当年的那批青年才俊中并非众星捧月的佼佼者，但他在世青赛打入 6 球的闪光表现还是让世界足坛为之眼前一亮。南斯拉夫劲旅萨格勒布迪纳摩队迅速将 21 岁的苏克招至麾下，这是苏克走向事业高峰的起点，而那时也是南斯拉夫足球日渐衰落的拐点。

90 年代初，随着联盟国家的解体，那支本来拥有光明前途的南斯拉夫队在万千叹息中消失，南斯拉夫球迷只能眼睁睁地看着战争吞噬他们的家园，也只能羡慕顶替他们出战 1992 年欧洲杯的丹麦队上演了传世童话。或许，在民族解体的重创之后，足球是一剂可以平息战争痛苦的良药。虽然国已不国，但南斯拉夫的足球风格还是被沿袭了下来，其中最好的继承者就是克罗地亚队，他们的领军之将是博班，是普罗辛内斯基，是达沃·苏克。

从萨格勒布来到西班牙的塞维利亚，是苏克职业生涯的一次跃进，西甲赛场更高水平的竞争环境让他的价值得到了最大化的体现。当时的西班牙足坛正在经历技术型变革，劳尔、菲戈、苏克这些依靠脚下技术纵横江湖的球员因而得到了更多的机会和偏爱。

1992/1993 赛季，苏克为塞维利亚贡献了 13 粒联赛进球，成为队内第一射手，即使身边有球王马拉多纳，但苏克的光芒并没有被掩盖。在塞维利亚的 5 年，苏克将自己的左脚技术打磨到了炉火纯青的程度，他不仅征服了塞维利亚这座城市，也吸引了来自马德里和巴塞罗那的目光，尤其是求贤若渴的皇家马德里。

1996 年夏天，苏克带着欧洲杯的盛名来到伯纳乌，与他同时加盟的还有南斯拉夫射手米亚托维奇，这对来自巴尔干半岛的锋线搭档合力为球队带来了众多荣誉。1996/1997 赛季，苏克位居罗纳尔多和阿方索之后在西甲射手榜上排名第三，帮助皇马拿下联赛冠军。第二个赛季，皇马更是时隔 32 年之后再夺欧洲冠军杯，米亚托维奇在决赛中一击制胜。在赢得至高荣誉的同时，苏克也享受着马德里城的万人拥戴。不过，俱乐部层面的荣誉并不是苏克追逐的唯一目标，在紧邻西班牙的法国，他一直渴望着另一片战场。

1998 年的法兰西，苏克和克罗地亚队第一次感受世界杯的热度，那是克罗地亚足球的黄金年代，由于有两年前欧洲杯不俗表现的铺垫，人们对格子军有着更高的期待。不知是不是对那支克罗地亚队仍然心怀敬意，现在看到当年那批球员的照片，就如同在致敬一个距离我们久远的时代，虽然我们大多数人也都是那个时代的亲历者。

其实，我们怀有的岂止是敬意，更有种怀念，这种怀念的载体除了经典的格子球衣，还有达沃·苏克留下的那 6 粒进球。苏克用他的金左脚送走了罗马尼亚，送走了德国战车。在半决赛中，他单枪匹马踏平东道主的防线，最终却惜败于图拉姆的神奇双响。三四名决赛，当苏克左脚扫出贴地球蹿进橙衣军团的球门时，荷兰门将范德萨目瞪口呆的表情是对苏克神奇一夏的最好注脚。

那一年，苏克 30 岁，世界杯季军、世界杯金靴、克罗地亚足球先生，让而立之年的他立于巨星之列。虽然很快就被皇马弃之不用，但是苏克的价值仍然让各大豪门趋之若鹜，温格将他招至海布里，与他一起加盟的还有亨利。在阿森纳，苏克只待了一个赛季，但他的谦逊和敬业态度让他赢得了枪迷的喜爱，包括亨利在内的很多年轻球员更是从他的身上获益匪浅。在西汉姆和慕尼黑 1860 短暂停留之后，苏克在 2003 年便宣布挂靴。

也许很多人对于苏克的记忆还是始终停留在 1998 年的那个夏天，黄金左脚奏出的美妙弦音让人如痴如醉，即使已跨越近二十载的风花雪月，那一个月留下的光辉足迹都不曾磨损。

如今，苏克已经身挂主席之职掌管克罗地亚足协，他在接受采访时曾这样表述情怀："我希望在我卸任之前，还能看到一支克罗地亚队在世界杯上拿到奖牌，就像我们当年做到的一样。"萨格勒布，萨瓦河畔，达沃·苏克足球学校的孩子们在青山掩翠的绿茵场上奔跑，他们承载的是克罗地亚足球的希望，也是苏克的心愿。这份心愿始于 1998，留在未曾走远的未来。

∧ 1998 年世界杯 1/4 决赛，苏克奉献一粒进球，率领克罗地亚 3 比 0 完胜德国，历史上首次参加世界杯便闯入四强。

∨ 1999 年 9 月 11 日，阿森纳在海布里球场 3 比 1 战胜阿斯顿维拉，苏克一人攻入两球。

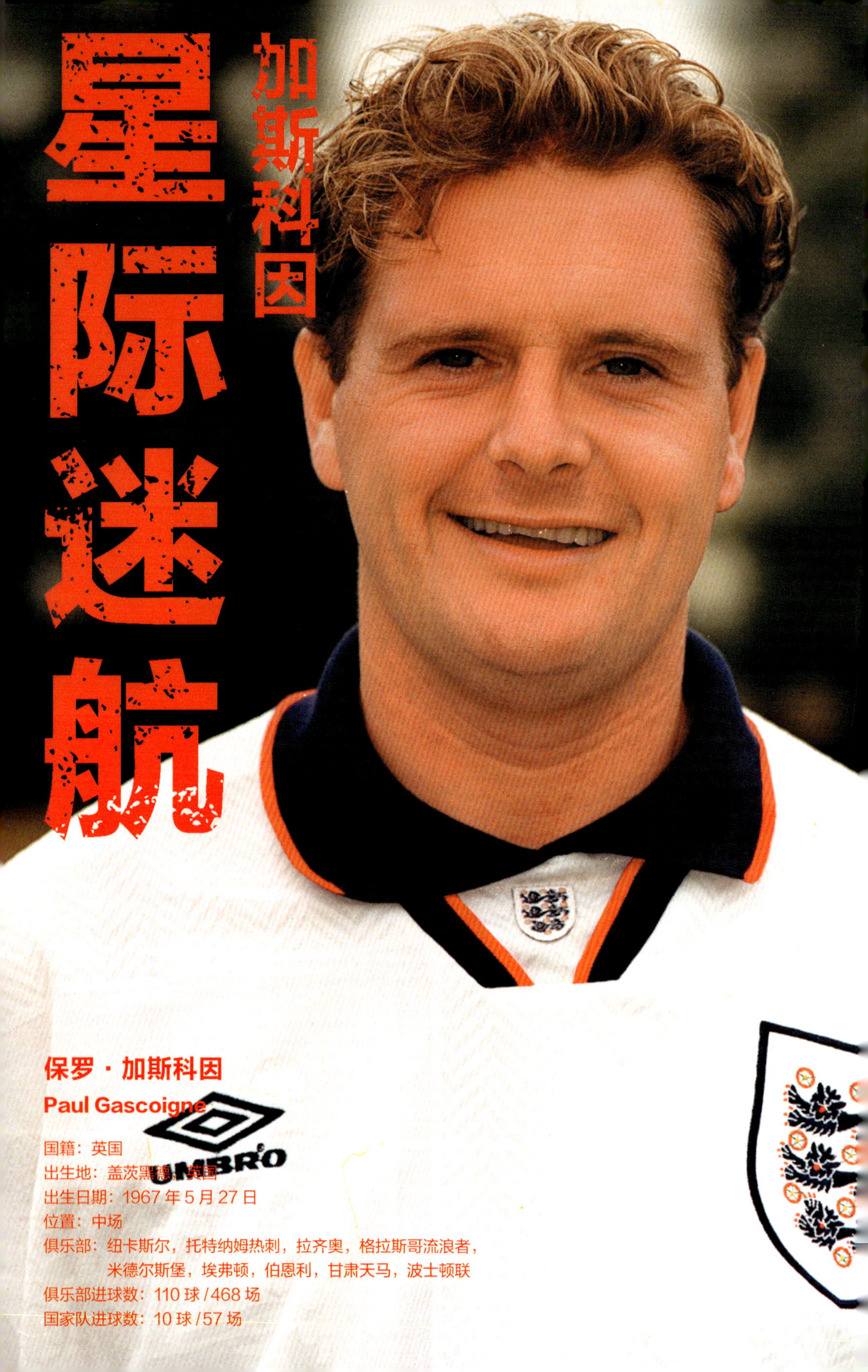

星际迷航

加斯科因

保罗·加斯科因
Paul Gascoigne

国籍：英国
出生地：盖茨黑德，英国
出生日期：1967年5月27日
位置：中场
俱乐部：纽卡斯尔，托特纳姆热刺，拉齐奥，格拉斯哥流浪者，米德尔斯堡，埃弗顿，伯恩利，甘肃天马，波士顿联
俱乐部进球数：110球/468场
国家队进球数：10球/57场

总有一首歌，能让你想起他

歌名：Faded
歌手：Alan Walker

一个摇摇晃晃的醉汉，蹒跚行走，衣不遮体，似乎垂垂老矣，时日无多。近年来，很多英国人或许在街角见到过这样一个形象，但并不是所有人都会注意他。只有眼尖的英国媒体一下子辨认出：天啊！这个看起来像70岁的醉汉，实际年龄只有49岁，他就是20世纪八九十年代叱咤世界足坛，英格兰足球史上不世出的天才保罗·加斯科因——英格兰球迷也昵称他为加扎。

如今，曾经天赋异禀的天才已成堕落的天才。很显然，并不仅仅是时光把他变成现在的样子，酗酒，无休止的酗酒，早已让那段天才的往事恍如隔世。

老资格的球迷立马会想起遥远的意大利之夏，1990年世界杯上，三狮军团阵中一员小将——23岁的加斯科因横空出世。他技术优雅，有着不同于传统英格兰球员的细腻风格和聪明头脑。

1/8决赛以及1/4决赛中，加斯科因都奉献关键助攻，帮助英格兰队先后淘汰欧洲红魔比利时队和非洲雄狮喀麦隆队，时隔24年再度闯入世界杯四强，半决赛遭遇死敌联邦德国队。

1990年7月4日，著名的德尔·阿尔卑球场，英格兰人永生难忘。英格兰队在一场势均力敌的较量中点球败北，无缘决赛。但是，加斯科因的眼泪成为了那个都灵之夜最令人动容的一幕，也永久地感动了世界，它甚至改变了人们对于英格兰足球的固有印象。几乎是一夜之间，全世界都认识了这个有着巴西人一样灵动技术的天才。英格兰媒体称，50年才出一个加斯科因，他的未来必将光芒四射。

一年之后，在温布利大球场进行的足总杯半决赛中，加斯科因40米开外打进直接任意球技惊四座，帮助托特纳姆热刺力克死敌阿森纳进军决赛，并最终成功捧杯。在那个时代当中，加斯科因是幸运的，在英格兰足球死气沉沉的年代，他的出现无疑让英格兰足坛如沐春风。在纽卡斯尔联和托特纳姆热刺，加斯科因早已打开了属于自己的一片天空。

　　加扎同时也是一个桀骜不驯的怪才，著名的坏小子，他不喜管教，我行我素，喜欢搞怪，整蛊队友是他的最大爱好。他甚至曾经对裁判出示过红牌，也曾在一场比赛中球鞋脱落的情况下，甩着白色长袜过掉门将，将皮球送入空门。他嗜酒如命，不过在那个年代里，喝酒的现象在英格兰球员当中比比皆是，加斯科因拥有其他人所不具备的足球天赋，他的职业生涯暂时未因酒精而受太大影响。

　　转眼之间，英格兰足球迎来了复兴的最好机遇。1996 年欧洲杯，足球回家，三狮军团更渴望在自己的土地上让奖杯回家，重现 30 年前世界杯夺冠的辉煌。

　　那真是加斯科因大放异彩的一届欧洲杯。1996 年的加斯科因，让人隐隐看到巅峰时期马拉多纳的影子。在同苏格兰的"英伦内战"中，加斯科因左脚起球挑过亨德利之后，右脚顺势凌空抽射，打进欧洲杯历史上的经典进球。

　　随后，忘乎所以的加斯科因躺在地上，让队友拿水壶中的水灌向他的嘴里，这是被英国人称作"牙医之椅"的庆祝动作。他们之所以如此庆祝也是事出有因：在欧洲杯前的热身赛中，英格兰队前往香港参赛期间，加斯科因组织队友到酒吧喝大酒为自己庆生。有记者拍到，加斯科因躺在酒吧的一张牙医治疗椅上，队友往他嘴里灌酒玩乐。此事一经曝光，英格兰球员便遭到了国内民众的集体声讨。为了回击媒体，加斯科因赛前就跟队友商定，进球后使用这样的方式庆祝。赛后，英国媒体都为加斯科因的天才一击叫好，反而"忘记"了加斯科因对他们的反击。

　　那时的加扎，就像是一个拥有百宝囊的魔法师，足球在他的脚下有着非凡的魔力。英格兰队继续前行，但是，在半决赛中，德国人又一次横亘在他们面前，英格兰队也再次在点球大战中折戟沉沙，未能杀进决赛。冠军，终未能回到英格兰的土地上，他们在家门口奉献了一届赏心悦目的欧洲杯，却未能将几代人的梦想实现。从此之后，英格兰足球每况愈下，再

加斯科因　星际迷航

Paul Gascoigne

∧ 加斯科因是一个桀骜不驯的怪才，著名的坏小子，他不喜管教，我行我素，喜欢搞怪。

> 1990年世界杯半决赛，英格兰队经过点球大战不敌联邦德国，赛后，加斯科因流下了伤心的泪水，这一幕永久地感动了世界。

∨ 1991年4月14日，温布利大球场，托特纳姆热刺在足总杯半决赛中3比1淘汰死敌阿森纳，两位进球功臣加斯科因和莱因克尔挥拳庆祝。

也未能进入任何世界大赛的四强，三狮继续沉睡，加斯科因也在短暂的爆发后归于沉寂。

1998 年法国世界杯前夕，时任英格兰队主帅霍德尔在训练营中做出惊人决定，他把在预选赛中立下奇功的加斯科因排除在了世界杯最终名单之外。有媒体爆料，加斯科因得知这一消息后怒闯霍德尔的房间，将一把椅子砸向了霍德尔，如同一只愤怒的公牛，满腔怒火喷涌而出。其实，霍德尔当然有自己的原因，加斯科因球场外的酗酒传闻以及不健康的生活方式让霍德尔忍痛割爱。

从此，加斯科因结束了自己的国家队生涯，出场 57 次打进 10 球的成绩单不算显赫，但他在 1990 和 1996 年两届大赛中的杰出表现还是让英格兰球迷怀念不已。人们甚至在日后无数次畅想，如果 1998 年的英格兰队拥有加斯科因，那支本就活力四射的球队或许可以借助天才之力走得更远。但历史无法假设，英格兰球迷口中的那位不可多得的天才已经渐行渐远。

事实上自 1998 年之后，加斯科因便一蹶不振，由于酗酒而迷失了方向，五年后草草结束了自己的足球生涯，酒瓶成了他生活中最好的伙伴。曾经古灵精怪的奇才，不听任何人的管教，不听任何好友的劝告，早早破产，穷困潦倒，球场上的英姿早已无迹可寻。

几次听闻加斯科因病危住院的消息，英格兰球迷还是会痛心不已，53 岁的前足坛巨星，已在人生的道路上走向了最极端的方向。新一代的球迷未必知道，他们父辈口中的那个英格兰天才，曾经是那样的光芒四射。30 年前的意大利之夏，那个 23 岁的年轻人一鸣惊人，也挑起了英格兰队复兴的希望；24 年前的欧洲杯之旅，又有多少人还会怀念，加斯科因挑过亨德利后凌空破门的惊鸿一瞥。

过去的过去，一切的一切，都已在岁月的轨迹中被尘封，年轻人不忍打开，过来人不忍注目。或者说，没有人会残忍地想到，自己不经意间遇到的流浪街角的醉汉，竟是英格兰足球曾经的骄傲。唯愿这位迷失航向的巨星，也曾赋予你足球记忆中无尽的美好。

▲ 1996年欧洲杯同宿敌苏格兰的小组赛，加斯科因攻入一记精彩绝伦的进球之后，他躺在地上，让队友拿水壶中的水灌向他嘴里，做出了著名的"牙医之椅"的庆祝动作。

▽ 2014年8月21日，由于酗酒引发健康问题，加斯科因在伯恩茅斯家中再度被送往医院。47岁的他看上去形容枯槁，苍老得像一个70岁的老人。

总有一首歌，能让你想起他

＞＞＞

歌名：Yellow
歌手：Coldplay

  他是巴西足球史上最桀骜不驯的天才，特立独行，独一无二。他的目光异常敏锐，小心地寻找猎物，冷静地与人为敌。他是这个星球上为数不多的打进超过 1000 球的射手，他的足球生涯光辉异常，却又布满坎坷。在悠长的时光轨道中，他的存在伴随着几代人的成长，他的进球则高高竖起了一杆标尺，在很长一段时间内任后人景仰，任后人评说。他就是罗马里奥。

  新一代的球迷恐怕只停留在他的传说当中，而在资历较深的球迷眼里，他的确像极了一头孤独的狼，总是悄然而至，满载而归。"独狼"罗马里奥，是足球王国赋予世界的又一大财富，他的黄金年代虽然距今已略显遥远，却依然熠熠生辉。

  1988 年汉城奥运会，世界足坛初识罗马里奥"小禁区之王"的威力，同苏联队的决赛，这个灵动的小个子一度让巴西队无限接近冠军。一年后的美洲杯决赛，罗马里奥绝杀乌拉圭队，把足球王国带进了荣誉的殿堂。

  然而，在最该惊艳世界的意大利之夏，伤病却让独狼暂时停歇了脚步，仅仅 66 分钟的出场时间便是他留给世界杯的最初印记。看台上一位巴西少女咬着手指啜泣的画面令人感动不已，罗马里奥也在哭泣，巅峰的巴西队在宿敌阿根廷队面前停下了继续战斗的脚步。

  一切如过眼云烟，当这个只有 1.68 米的小个子带着冷峻的面容，出现在美国世界杯的舞台上时，所有关于他的记忆才渐渐清晰。

  罗马里奥能参加美国世界杯，还有一个插曲。1992 年底，巴西主帅佩雷拉将罗马里奥从埃因霍温召回国内，参加同德国队的友谊赛。不过，罗马里奥却被放到了替补席上，这让他公开表达了不满。为维护自己的权威，佩雷拉将罗马里奥排除出了国家队名单。

  没有罗马里奥的巴西队在 1994 年世界杯预选赛中表现不佳，最后一轮赛前，他们必须取胜乌拉圭队才能出线。巴西民众和媒体要求罗马里奥

△ 1988年奥运会男足决赛,罗马里奥在第30分钟首开纪录,但巴西队最终被苏联队2比1逆转无缘金牌。

▽ 1994年世界杯1/4决赛,巴西同荷兰上演激情大战,贝贝托进球后与罗马里奥、马津霍共同演绎摇篮舞庆祝,成为世界杯的经典时刻。

回归的呼声高涨，佩雷拉终于屈服。独狼就是独狼，他在马拉卡纳球场包办了巴西队的两粒进球，使得球队顺利拿到世界杯入场券，这才有了后面更为精彩的剧集。佩雷拉给自己找了个台阶，他说罗马里奥是上帝派来的。

7号贝贝托开出角球，11号罗马里奥门前垫射，巴西队用这样的方式开启了他们又一次世界杯的征程，这对黄金搭档引领着巴西一路向前。同荷兰队的1/4决赛，罗马里奥潇洒自如的精彩弹射，贝贝托进球后与罗马里奥、马津霍共演摇篮舞，随后布兰科任意球绝杀，橙黄大战奉献了那届世界杯的最经典一战。

半决赛再遇小组赛的对手瑞典，身材矮小的罗马里奥居然在高人林立的对手防线中争得头球，独狼一球制胜，将面临与巴乔的终极对决。在那个玫瑰碗的午后，人们记住了忧郁王子罚失点球后的背影，更记住了罗马里奥和他的巴西队的纵情狂欢。

那是一届属于罗马里奥的世界杯，第四次站在世界之巅，巴西人的梦想在24年后得以重现。凭借5个进球和超凡的表现，罗马里奥赢得了那届世界杯的金球奖，他在颁奖仪式上流下了激动的泪水，这也是独狼在世界舞台上的至高巅峰。

那时，他的身旁还有一个20号球员的身影，一个长着兔牙仍显稚嫩的小伙子。没人能想到，这个还不到18岁的年轻人会成为罗马里奥的下一个黄金搭档。他就是罗纳尔多。

仿佛命运的安排，罗纳尔多和罗马里奥的足迹有些相似。登陆欧洲的第一站都选择了埃因霍温，在荷甲大杀四方之后又降临诺坎普。在克鲁伊夫的手下，罗马里奥大放异彩，轻松拿下西甲最佳射手的同时，还在国家德比中留下了一个经典的帽子戏法。这个帽子戏法的背后有一个小故事。哪怕是在天王克鲁伊夫的面前，罗马里奥依然我行我素，他吵着要回巴西参加狂欢节，克鲁伊夫故意激他："你对皇马上演帽子戏法就可以回去。"结果呢？罗马里奥真的做到了。诺坎普的硝烟散尽，球员和球迷们刚刚进入狂欢的时候，罗马里奥已经一个人乘上了飞往里约的航班。

◁ 1994年世界杯是一届属于罗马里奥的世界杯,凭借5个进球和超凡的表现,他众望所归地赢得了那届杯赛的金球奖。

> 1997年法国四国赛,巴西同意大利上演进球大战,罗纳尔多和罗马里奥大放异彩,"罗罗组合"将巴西足球的曼妙威力演绎到极致。

> 1998年法国世界杯前,罗马里奥得知自己无缘巴西队的出征名单,伤心的他泪洒发布会现场。

1994 年，凭借在世界杯上以及巴塞罗那的优异表现，罗马里奥荣膺世界足球先生。两年后，罗纳尔多也同样在巴塞罗那第一次捧起世界足球先生的奖杯。这两位经历着两个时代的巴西天才，走过极为相似的人生轨迹后，终于在 1997 年双剑合璧。

那一年的法国四国赛，堪称世界足坛迄今为止最经典的一届邀请赛，首次亮相的"罗罗组合"更是震撼了世界。在对阵意大利的比赛中，两人联手奉献巅峰表演，在 1 比 3 落后的劣势下，罗纳尔多禁区外低射首先扳回一分。终场前，罗纳尔多和罗马里奥在极小的范围内闪转腾挪、互相配合，罗马里奥轻巧晃过帕柳卡，几乎将皮球带进大门，"罗罗组合"将巴西足球的曼妙威力演绎到极致。

那一年，他们又以风卷残云之势先后拿下美洲杯和联合会杯，尤其是在联合会杯决赛中，罗马里奥和罗纳尔多竟双双上演帽子戏法。那是属于"罗罗组合"的年代，只可惜，这个黄金时代太过短暂，在球迷期待着他们在 1998 年世界杯赛场上再显威力的时候，他们的黄金年代竟悄然结束。

无缘法国世界杯，这个令人震惊的消息让罗马里奥泪洒发布会现场。总有无数的理由可以解释罗马里奥的离队，或许由于伤病，或是独狼性格太过孤傲，抑或是与主教练扎加洛不和，但没有一条理由是令人信服的。失去了"罗罗组合"，桑巴军团卫冕失败。

尽管 2002 年世界杯预选赛中，罗马里奥也曾应召入队临危救主，但他最终还是无缘出征韩日，也错过了第二次捧起大力神杯的机会。已经 36 岁的独狼知道，他梦想中最完美的职业生涯，缺少了两次本该拥有的世界杯的洗礼。

如今，当巴西人回望历史，仍会无数次感怀罗马里奥的时代。是他，为沉寂许久的巴西足球亲手绣上了代表世界冠军的第四颗星；是他，从 16 岁到 42 岁，用漫长的职业生涯经历着几代人的喝彩；是他，将轻舞灵动的足球风格传向世界，用矮小的身躯改写着世界足球的历史；是他，创造了继贝利之后又一个巴西足球的千球里程碑；更是他，将这段辉煌与坎坷并存的独狼传说珍藏于世，让所有经历过或没经历过那个时代的人此生铭记。

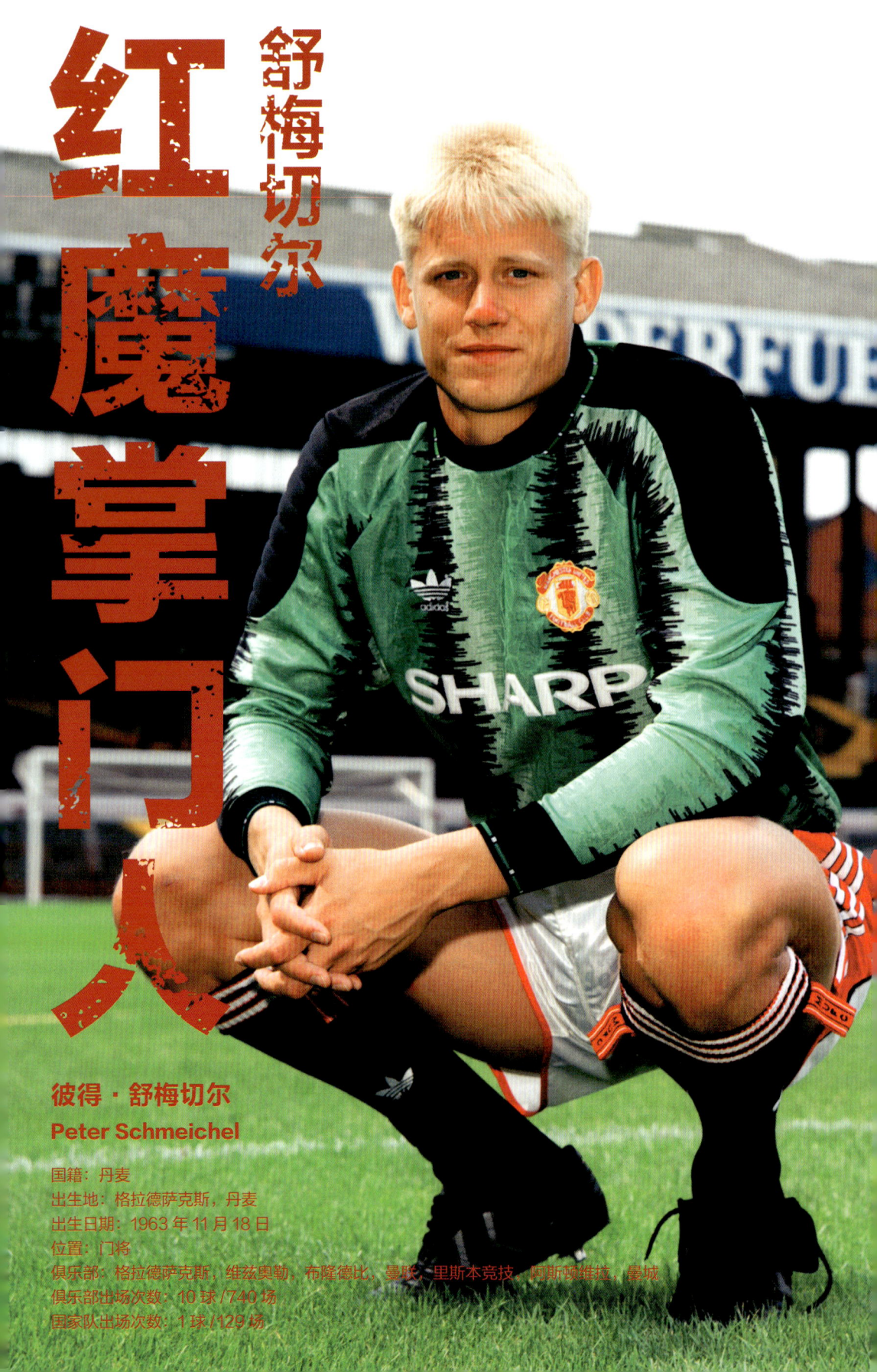

红魔掌门

舒梅切尔

彼得·舒梅切尔
Peter Schmeichel

国籍：丹麦
出生地：格拉德萨克斯，丹麦
出生日期：1963 年 11 月 18 日
位置：门将
俱乐部：格拉德萨克斯、维兹奥勒、布隆德比、曼联、里斯本竞技、阿斯顿维拉、曼城
俱乐部出场次数：10 球 / 740 场
国家队出场次数：1 球 / 129 场

总有一首歌，能让你想起他

>>>

歌名：Hold You Down
歌手：X Ambassadors

　　2016年初夏，一段足球场上无与伦比的童话在英超赛场上演。莱斯特城队带着1∶5000的夺冠赔率，神奇地站在了英格兰足球的巅峰。在王权球场的庆祝队伍中，一个高大的身影带着自己的家人享受着荣耀时刻，29岁的莱斯特门将卡斯帕·舒梅切尔第一次拥有了英超冠军，但这并不是他第一次与英超奖杯亲密接触。22年前，7岁的小舒梅切尔就曾在父亲的怀抱中捧起英超奖杯，同一座奖杯，两代人的心愿，在2016年的夺冠时刻终于梦想成真。此刻，小舒梅切尔的父亲，比他更加高大的彼得·舒梅切尔就在身旁，与自己的儿子共享殊荣。在英超的历史中，就此书写了一段父子二人先后夺得英超冠军的传奇佳话。

　　当然，老舒梅切尔的足球生涯远比自己的儿子显赫得多，这个拥有大块头、大智慧的丹麦门神曾经开创了红魔曼联的一个时代。1991年，当弗格森仅仅花费50万英镑从丹麦布隆德比队得到彼得·舒梅切尔的时候，他仅仅是一个小有名气的普通门将。

　　一年后，随着丹麦队递补参加欧洲杯，又不可思议地创造丹麦童话夺冠之后，舒梅切尔才真正开始了自己扬名立万的生涯。在那一年的欧洲杯半决赛中，正是舒梅切尔奋力扑出范巴斯滕的点球，成就了丹麦童话的继续上演。如今我们再回望那段历史，有着无尽感慨，也许舒梅切尔家族注定是为守门而生，也注定是为童话而生。

　　在英超初期，弗格森的红色王朝势不可当，舒梅切尔凭借出色的表现很快跻身世界顶级门将的行列。在曼联所向披靡的那些年，这个红鼻头的丹麦人坚实地构筑起了球队的最后一道防线，他与布鲁斯、罗伊·基恩、坎通纳架起了红魔的中轴线，再加上横空出世的92班鼎力相助，红魔曼联在英超中全无敌手。

　　除了在门线前一次次地惊险扑救之外，舒梅切尔甚至还在进攻端被球

> 1994年5月1日，舒梅切尔跟儿子卡斯帕一起参加曼联庆祝英超夺冠的花车游行。22年后，卡斯帕帮助莱斯特城夺得英超冠军，同一座奖杯，连接了两代人的心愿。

> 在卡斯帕小的时候，舒梅切尔便经常带着他到老特拉福德球场练习足球。夕阳西下，儿子牵着父亲的大手走出球场，梦想的种子在那个时候便已悄然发芽。

迷铭记。那是 1995/1996 赛季同伏尔加格勒旋翼队的联盟杯赛，一球落后的曼联即将失去保持了三十多年之久的欧洲三大杯主场不败纪录，球队最后时刻获得角球，舒梅切尔冲入对方禁区，接吉格斯开出的角球头球破门，曼联在最后一分钟扳平比分。在当时那个门将进球极为少见的年代里，舒梅切尔的这一球始终被人们铭记。巧合的是，在 2014 年的一场英冠比赛中，他的儿子卡斯帕·舒梅切尔居然用几乎相同的方式复制了父亲当年的进球。父子同心，父子同命，在这对堪称传奇的门将父子身上，再次得到了印证。

  1999 年，35 岁的舒梅切尔迎来了自己曼联生涯的最后一年。八年间，他已经四夺英超冠军，两夺足总杯，渴望用最后的辉煌赛季为红魔时代画上圆满句号。

  1998/1999 赛季，曼联在三条战线全速挺进，三冠王的梦想似乎就在眼前。关键时刻，红魔遭遇赛季最艰难一战，1999 年 4 月 14 日，足总杯半决赛重赛在维拉公园球场进行。三线作战中已经略显疲惫的曼联在第 90 分钟遭遇重击，菲尔·内维尔禁区内毫无必要的犯规放倒了帕洛尔，阿森纳获得点球。这一球，有可能瞬间终结曼联争取了一个赛季的三冠王希望。冰王子博格坎普站在点球点前，舒梅切尔用犀利的目光盯紧对手，沉稳之下，不为所动。博格坎普射出皮球，舒梅切尔一个侧扑，如同当年化解范巴斯滕的点球一样，用相同的方式将另一个荷兰人的点球拒之门外。

  这一扑，让曼联的三冠王梦想得以延续，他们在最后一分钟保住了 90 分钟的平局，这场经典之战进入加时赛。于是在加时赛中，才诞生了足总杯历史上最伟大的进球，吉格斯过五关斩六将如入无人之境，一脚怒射帮助曼联涉险过关。这一关，堪称红魔三冠王赛季的一个重大转折点，从此他们一往无前。

  5 月 26 日的欧冠决赛，舒梅切尔以队长的身份踏上诺坎普球场，那也是他八年曼联生涯的最后一战。0 比 1 落后之际，伤停补时阶段，舒梅切尔再次弃门而出进入对方禁区，贝克汉姆开出角球后，舒梅切尔门前制造混乱，吉格斯和谢林汉姆接力射门终于扳平比分。那真是一个属于曼联

△ 1992年欧洲杯，舒梅切尔和丹麦队共同书写了不可复制的丹麦童话。半决赛同荷兰队的点球大战，舒梅切尔扑出了范巴斯滕的点球，是球队最终夺冠的关键球员。

的赛季，他们再次绝境逢生。

在经历了欧冠历史上最神奇的决赛之后，舒梅切尔作为队长亲手捧起欧冠奖杯，那是他为曼联夺取的最后一座奖杯，也毫无疑问是分量最重的一座，英格兰足球历史上前无古人的三冠王伟业就此达成。作为曼联守护神的彼得·舒梅切尔从此远走里斯本，但他为老特拉福德留下的一代传奇无人可以复制，并且还在未来的岁月中时时被人们提起。

舒梅切尔之后，弗格森为了找到他的接班人，先后引进了巴特斯、博斯尼奇、霍华德等或才华横溢、或功成名就的门将，他们个个顶着"舒梅切尔接班人"的名号而来，又一个个铩羽而归。其实未必是他们不够优

∧ 1999年5月26日，在经历了欧冠历史上最神奇的决赛之后，舒梅切尔作为队长亲手捧起冠军奖杯，那是他为曼联夺取的最后一座奖杯。

秀，只是"舒梅切尔接班人"这个名号太过响亮。直到 2005 年，弗格森再次妙手一挥，区区 200 万英镑引进职业生涯暮年的范德萨，困扰红魔长达六年之久的门将危机终于化解。范德萨用六年时间达到了与舒梅切尔当年同样的高度，红魔的两代门神得以在不同的时代比肩。

时过境迁，如今弗格森的红色帝国早已尘封在历史中，曼联经历三年沉浮却距离英超冠军始终遥远，但舒梅切尔家族却距离奖杯并不遥远。当小舒梅切尔将新科英超冠军奖杯传递到父亲的手中，老一代的球迷早已泪流满面，又恍如隔世。那个大个子、红鼻头、宽肩膀的丹麦门神仿佛又回到了我们的视野中，看着他，就那样在门前高高地挥舞双臂，护佑着红魔的城池。

总有一首歌，能让你想起他

＞＞＞

歌名：Reasons to Leave
歌手：Kate Purcell

曾有人抛出过这样一个关公战秦琼式的问题：如果 11 个古利特与 11 个马拉多纳进行一场对决，谁会是最终的胜利者？尽管人们都知道马拉多纳是无所不能的足球上帝，但在这个命题里，更多的人还是愿意抛弃上帝，因为古利特的足球是全能足球。

清道夫，古典后腰，攻击中场，边锋，影锋，在这些位置上，你都能看到古利特的完美诠释。任意球一箭穿心，一条龙斩将杀敌，远射雷霆万钧，头球鱼跃冲顶，在这些画面里，你都能寻到古利特的潇洒踪影。他一个人在踢球，如同 11 个人在踢球，他几乎可以胜任足球场上的任何位置。乔治·贝斯特甚至直言，在他心中，古利特比马拉多纳还要完美。

但要说起古利特，人们率先想到的必定是他那一头飘逸的辫子，那几乎是一代意甲球迷心中永恒的记忆，"辫帅"古利特，威震亚平宁。在那个淳朴的年代，古利特是人们感知个性最为直观、也最为深刻的足球符号。有人说，只要古利特站在场上，即使他没有触碰皮球，但只要看到他那硬朗的外形与飘逸的辫子，人们自然就会对足球产生兴趣。长发飘飘，风度翩翩，全能"辫帅"古利特满足了人们对于美丽足球的一切遐想。

或许，我们眼中关于古利特的一切美好，都要感谢他的父亲乔治·古利特。当年，正是他从苏里南漂洋过海，来到阿姆斯特丹，才有了古利特与荷兰足球的不解之缘。一切都是最好的安排，上天不忍古利特的足球光华"偏安一隅"，跨越千山万水，为他选择了最好的梦想舞台。

天才的成长，似乎总有非凡之举。11 岁的古利特这样踢球——从自己门将手中接到皮球，然后开始带球过人，最后过掉对方门将，破门得分。这样的踢球方式，不得不让古利特的启蒙教练三番五次地向他解释："足球是项团队运动，你需要把球传给队友。"年幼的古利特我行我素，但他的天赋异禀，却人尽皆知。

最好的古利特值得这世间最好的相遇。1982年，曾经最好的、36岁的荷兰足球教父克鲁伊夫，那年最好的、21岁的荷兰足球新宠古利特，在费耶诺德相知相遇，并肩战斗。毫无疑问，克鲁伊夫就是古利特最好的足球榜样，他们都是全能足球的绝佳代言人。

职业生涯暮年的克鲁伊夫像是上帝派来的使者，把荷兰足球的权力魔杖亲手交给了古利特。那个赛季，费耶诺德双冠功成，古利特举起克鲁伊夫，后者告别了他的职业生涯，而举起整个荷兰足球的重担，也落到了古利特的肩上。

和克鲁伊夫一样，在大红大紫之后，古利特要远走高飞。1987年，古利特以当时世界第一身价加盟AC米兰。要知道，古利特加盟前一年，AC米兰险些破产，球队百废待举。但这恰恰是良缘绝配，古利特说："我不想躺在满是奖杯的荣誉室里，我喜欢挑战。"事实上，古利特的到来，让AC米兰真正如虎添翼。他的领袖气质，他的全能属性，让AC米兰脱胎换骨。

古利特在米兰的处子赛季，球队便收获了意甲冠军。那一年，古利特率队攻陷马拉多纳带领的那不勒斯，足球上帝无能为力，马拉多纳说："古利特埋葬了我们整个赛季的努力。"那一年，古利特荣膺欧洲足球先生。那一年，他与范巴斯滕双剑合璧。征服亚平宁后，他们剑指欧洲杯。

1988年欧洲杯，是橙色的。那是属于"荷兰三剑客"的欧洲杯，也是属于古利特的欧洲杯，他成为了第一个捧起德劳内杯的荷兰人。决赛中，人们记住了范巴斯滕的零度角凌空斩，但也不要忘记，那场比赛正是古利特用头球为荷兰敲开了胜利之门。无冕之王唯一一次打破魔咒，古利特居功至伟。

后来，人们无数次地诉说着范巴斯滕的神奇，但范巴斯滕却说，古利特是更好的那一个。如果单凭一纸数据，单凭精彩影像，古利特的伟大注定会被后人所轻视，但经历过那个夏天的人们却说，看过了古利特，也就看过了这世上最美的风景。

欧洲杯后，随着里杰卡尔德的加盟，威风八面的"荷兰三剑客"终于会师米兰城，无敌舰队就此开始统治欧洲。他们连续两个赛季赢得欧洲冠

△ 在那个淳朴的年代，古利特是人们感知个性最为直观、也最为深刻的足球符号。

▽ 1988年欧洲杯决赛，古利特用头球为荷兰队敲开了胜利之门，橙衣军团最终2比0击败苏联夺冠。

△ 1988/1989 赛季冠军杯决赛，古利特梅开二度，帮助 AC 米兰 4 比 0 大胜布加勒斯特星队夺冠。

军杯，尤其是 1988/1989 赛季，面对布加勒斯特星的冠军杯决赛，古利特火线复出梅开二度，率领球队登上欧洲之巅。在 AC 米兰，古利特到达了他职业生涯的顶峰。1990/1991 赛季，如果不是 AC 米兰遭遇罢赛风波，古利特本有可能率领球队冲击冠军杯三连冠的伟业。

可是，古利特与米兰的蜜月期在 1991 年夏天戛然而止。AC 米兰队中甚至出现了"反古利特联盟"，愤怒的古利特直接冲到了主席贝卢斯科尼的办公室讨要说法。尽管贝卢斯科尼告诉古利特，如果他愿意，他可以获得一份米兰的终身合同，但是，那个绝代风华的古利特还是在两年后的夏天与米兰分道扬镳。红黑军团的队长巴雷西说："古利特的离开让我们很难接受，有他在场上，我总感觉我们已经 1 比 0 领先。"

▲ 1992年12月9日，在客场同埃因霍温的冠军杯小组赛中，古利特同队友一起搭建人墙。他和里杰卡尔多、范巴斯滕组成的"荷兰三剑客"是一代中国球迷心中永远的偶像。

但一切无从更改，而反戈一击也如风般到来。1993/1994赛季，加盟桑普多利亚的古利特迎来了与AC米兰的复仇战，但古利特却对"复仇"二字不屑一顾。他说，米兰是他的家，何来复仇？结果，他用进球逆转了比赛，这是古利特的复仇方式。后来，古利特来到了切尔西，他带给了蓝桥一座久违的足总杯。但那时的黑色郁金香已然走过花期，他把最好的自己留在了米兰。

如今的古利特，早已不见昔日那头标志性的长辫，"辫帅"这个名字似乎也变得越来越富有古意。与那头长辫一起消逝的，恐怕还有古利特的足球踪迹。后来者或许可以拥有像他一样的体魄，像他一样的个性，甚至像他一样的发型，但却很难拼凑出一个像他一样完美的全能个体。这一切，让回忆更珍贵，这一切，让古利特更珍贵。

铁血战魂

马特乌斯

洛塔尔·马特乌斯
Lothar Matthaeus

国籍：德国
出生地：埃尔兰根，联邦德国
出生日期：1961年3月21日
位置：中场，清道夫
俱乐部：门兴格拉德巴赫，拜仁慕尼黑，国际米兰，纽约地铁明星
俱乐部进球数：204球/782场
国家队进球数：23球/150场

总有一首歌，能让你想起他

\>\>\>

歌名：Ready to Run
歌手：One Direction

怀念，并不是因为我们身处逆境，祈望回到从前，而是因为努力和成功值得怀念。因为有你们，我们才做得很好；假如没有你们，我们很难做得更好。

这是德国足球的怀念，这更是德国足球几十年来前行的动力。

1958年，德国足协第一次将荣誉队长的头衔授予伯尔尼奇迹的引领者弗里茨·瓦尔特。近60年来，只有四个人获得过这一殊荣：弗里茨·瓦尔特、乌维·席勒、贝肯鲍尔和马特乌斯。这是德国足球最苛刻的名人堂。

马特乌斯是最后一位荣誉队长。他在2000年宣布退役，在那之后，德国足协没有将这一奖项再授予任何人。

马特乌斯的功绩后人再难达成。1990年世界杯冠军队长并不是他跻身荣誉队长之列的最主要原因，他为国家队效力时间长达20年，参加了从1982到1998年的五届世界杯、25场世界杯比赛，共150次代表国家队出场。更重要的是，德意志的铁血精神深植德国国家队的骨髓，马特乌斯是最杰出的铁血战魂。

马特乌斯的国家队生涯始于1980年欧洲杯，他第一次为国出战就是参加欧洲杯。虽然只替补出场了与荷兰队的一场小组赛，但他的国家队处子秀十分出彩，他制造了一个点球，联邦德国队3比2力克荷兰队。19岁的马特乌斯首次参赛，就亲历联邦德国队问鼎欧洲杯。只是德瓦尔在执教期间并没有给马特乌斯更多的机会，在1982年世界杯和1984年欧洲杯上，马特乌斯只能在小组赛中偶尔出场。贝肯鲍尔的出现扭转了一切。

德国足球的传统正是这样被一代代传承。马特乌斯自小就将1970年世界杯上带伤出战的贝肯鲍尔视为楷模，贝肯鲍尔则视马特乌斯为自己最好的接班人。正是在贝肯鲍尔的推荐下，拜仁慕尼黑1984年夏天从门兴格拉德巴赫签下了马特乌斯，委以中场大任。彼时，鲁梅尼格和布莱特纳两大功勋刚刚离开，马特乌斯第一时间就成为了拜仁的中流砥柱。作为一名中场，除了组织进攻，他的进球数丝毫不逊于一名前锋，连续四个赛季进球数上双，更为拜仁慕尼黑实现了联赛三连冠。

1986 年世界杯，联邦德国队新任主帅贝肯鲍尔对马特乌斯委以重任。在与摩洛哥的 1/8 决赛中，终场前 3 分钟，马特乌斯用一脚 30 米开外的重炮任意球轰门绝杀对手，这个标志性的进球带着鲜明的马特乌斯色彩：强硬、直接、不计后果、勇往直前。

1/4 决赛同墨西哥战至点球大战，马特乌斯罚入点球，联邦德国淘汰东道主。此时，贝肯鲍尔赋予了马特乌斯一项更重要的任务，在决赛中盯防马拉多纳，马特乌斯兴奋地接受了挑战。他差一点儿就成功了，虽然他还是让球王找到了机会，阿根廷人最终带走了大力神杯，但是马特乌斯和马拉多纳的缘分从此缔结。

意甲联赛成为了这场较量的第二战场。"小世界杯"的名号吸引着马特乌斯在 1988 年加盟了国际米兰，德国三驾马车、荷兰三剑客、球王马拉多纳三足鼎立的意甲黄金年代难以复制。

1988/1989 赛季，国际米兰在关键的争冠战役中 2 比 1 取胜球王领衔的那不勒斯，正是马特乌斯终场前 7 分钟攻入制胜进球。在抵达意大利的第一个赛季，他就为蓝黑军团夺回了阔别九年之久的意甲联赛冠军。"大国米时代"的复兴始于马特乌斯，是他被蓝黑球迷永远铭记的理由。当意大利人骄傲地说出我们的联赛有马拉多纳，第二个被他们吐露的名字一定是马特乌斯。

1990 年世界杯，马特乌斯甚至让人们短暂忘记了球王。在与南斯拉夫队的世界杯首战中，他攻入了自己职业生涯中最精彩的一粒进球，在晃过三名防守球员后，马特乌斯的射门时速高达 210 公里，皮球轰然入网的力量之美与马特乌斯如此相得益彰。这也是贝肯鲍尔偏爱他的理由，德国足球向来享有征服一切的力量感，人们可以说那是意志的胜利，也可以说日耳曼人自带铁血属性。但从表象上看，那就是一种酣畅、凶悍、击垮一

∧ 1986年世界杯决赛,马特乌斯的任务是负责盯防马拉多纳,他差一点儿就成功了。

∨ 1989年5月28日,在争冠的关键战役中,国际米兰2比1取胜马拉多纳领衔的那不勒斯,正是马特乌斯终场前7分钟攻入了制胜进球。

△ 2000年5月26日,马拉多纳前往慕尼黑参加马特乌斯的告别赛。马拉多纳将马特乌斯奉为"一生中最棒的对手",从对手到朋友,英雄相惜。

切的力量。马特乌斯的演绎胜过所有人。

马特乌斯在那届世界杯上攻入了 4 粒进球，在与捷克斯洛伐克的 1/4 决赛以及与英格兰的半决赛上，他各罚入一记点球。决赛又是他和马拉多纳的碰撞。阿根廷人多年后还在为德国人赢得的那个点球耿耿于怀，但是这一次，德国人的确成功地遏制了球王。

马拉多纳的眼泪让人动容，马特乌斯对马拉多纳的安慰绝不是球场上两个最强悍男人间故事的终结。他们的友谊远比对抗更长久，马拉多纳将马特乌斯奉为"一生中最棒的对手"。从对手到朋友，英雄相惜，硝烟散去，却最是怀念棋逢对手的时月。

联邦德国队此前连续两届世界杯在决赛中遗憾落败，终于在 1990 年得偿所愿，队长马特乌斯居功至伟，他当之无愧地获得了 1990 年欧洲金球奖。国际足联直到 1991 年才设立世界足球先生的评选，第一位获奖者也是马特乌斯。他在这一年还帮助国际米兰问鼎了欧洲联盟杯。

几乎没有球员能像马特乌斯那样，将自己职业生涯的巅峰延续得如此绵长，即使在 30 岁后两次遭遇重伤都没能摧毁他的意志。1992 年，马特乌斯在重伤休战长达 5 个月后重返赛场，他在贝肯鲍尔的力邀下重返拜仁，第二个赛季就为拜仁夺回了缺失四年的联赛冠军。此时为了适应拜仁的阵容，马特乌斯从中场变成了自由人，他依然是球队最可倚重的基石。1994/1995 赛季，马特乌斯再遭重伤，拜仁的成绩随之一落千丈。第二个赛季复出后，马特乌斯随即带领球队一举拿下了欧洲联盟杯。他甚至还有机会率队夺得欧洲冠军杯，但在 1999 年 5 月 26 日的诺坎普，在马特乌斯被替换下场之后，曼联完成了神奇的逆转。

经历过马特乌斯时代的球迷，的确有理由因为一个人而怀念德国足球的整个十年或者二十年。尽管他们从未缺少过铁血之躯，尽管 24 年后他们又问鼎了大力神杯，但以依靠整体为傲的德国队的确在那个时代里拥有过最顶级的巨星，他在 37 岁的时候第五次登上了世界杯的赛场，38 岁还能荣膺德国足球先生，他在 39 岁那年最后一次为国出征参加 2000 年欧洲杯，德国队内"五代同堂"。

马特乌斯被称为足坛"永动机",他在职业生涯的最后一年离开拜仁,短暂效力于美国大联盟,之后才终于正式挂靴。因为与克林斯曼的恩怨,马特乌斯在职业生涯的暮年颇受争议,但从没有人对球场上的他表示过丝毫怀疑。

每个德国球迷心中都固有一个意志战车的领袖形象,看过马特乌斯踢球的人,都会把这个形象定义在他身上。人们怀念他,更是在怀念德意志的铁血精神,不是因为后人丢失了铁血,而是再没有人像他那样永动不止。

△ 1990年世界杯夺冠之后,马特乌斯同利特巴尔斯基举杯庆祝。那届杯赛,马特乌斯攻入了4粒进球,他的表现甚至让人们暂时忘记了谁是球王。

▷ 1997年5月31日,拜仁时隔三年再次夺得联赛冠军,这是他获得的第5个德甲冠军。

14(一世)传奇

克鲁伊夫

约翰·克鲁伊夫
Johan Cruyff

出生地：阿姆斯特丹，荷兰
生卒：1947年4月25日—2016年3月24日
位置：前锋，中场
俱乐部：阿贾克斯，巴塞罗那，洛杉矶阿兹特克，华盛顿外交家，莱万特，费耶诺德
俱乐部进球数：369球/661场
国家队进球数：33球/48场

总有一首歌，能让你想起他

>>>

歌名：Vincent
歌手：Don Mclean

　　足球世界，球王并非唯一，但球圣却只有一个，他就是约翰·克鲁伊夫。这位伟大的荷兰人，是足球场上的自由主义者，喜欢标新立异，颠覆过往，他是 14 号球衣最好的代言人，这个原本平凡的号码因他而变得伟大。他是足球场上的哲人，让人醍醐灌顶，别有洞天。他说，踢足球非常简单，但踢简单的足球却异常艰难。克鲁伊夫的伟大，从不受时空所限，他的一生都在与伟大为伴。

　　2016 年 3 月 24 日，这个伟大的足球圣人长辞于世，羽化登仙，终年 68 岁。而在他去世前一个月，他还告诉媒体，他与肺癌的这场比赛，上半场已经完结，他 2 比 0 领先，但无情的命运却匆匆吹响了属于克鲁伊夫的终场哨。

　　在这个郁金香再次绽放的三月，荷兰足球却嗅不到一丝芬芳。他的离世，让巴萨与皇马这对百年宿敌站在一起，皇马主席弗罗伦蒂诺亲往诺坎普悼念克圣，他说："有一些人，我原本以为他们不会死，克鲁伊夫就是其中之一。"现实世界里，没有什么人会永远不朽，但人们的心中却住着不朽的思念。当 1991 年克鲁伊夫接受心脏搭桥手术后，他曾说过，他已经活在了生命的加时赛里，而爱他的人一定会说，这场加时赛永远也不会走到尽头。

　　阿贾克斯的红白色、巴塞罗那的红蓝色以及荷兰的橙色，是克鲁伊夫生命中的"三原色"，他的身体里流淌着这三种血液。克鲁伊夫是纯正的阿贾克斯男孩，他出生的地方，距离阿贾克斯的老主场仅几公里之隔，缘分似乎天注定。

　　在功勋主帅米歇尔斯与科瓦奇的运筹帷幄下，克鲁伊夫在阿贾克斯成长为了全攻全守足球的集大成者，不间断的移动、换位和传控，变幻出足球场上最动人的旋律与节拍。克鲁伊夫根本就不是个球员，看他踢球就像

在看一出芭蕾舞表演。

赏心悦目的足球，带来了赏心悦目的成就，从1970/1971赛季开始，阿贾克斯实现了欧洲冠军杯三连冠，克鲁伊夫也在此期间两次荣膺欧洲金球奖。1971/1972赛季，阿贾克斯更是夺得了史无前例的五冠王。1972/1973赛季冠军杯决赛，当他们1比0小胜尤文图斯功成三连冠之后，克鲁伊夫却说，那是他职业生涯踢过的最糟糕的比赛，为了拿到三连冠，阿贾克斯几乎一直在防守。在克鲁伊夫的足球字典里，赢球固然可喜，但如何赢得漂亮才是他所追寻的足球真理。

可是，就是这样一支所向披靡的球队，却在到达荣誉巅峰后迅速瓦解。后来，巴塞罗那走进了克鲁伊夫的世界。为了得到克鲁伊夫，巴塞罗那花费了200万美元，这也是当时世界足坛的第一身价。最终，克鲁伊夫证明了他物有所值。

1973/1974赛季，在面对马德里竞技的比赛中，克鲁伊夫打进了一粒中国功夫式的滑翔进球，荷兰飞人在那一刻实至名归。而在做客伯纳乌的比赛中，克鲁伊夫更是梅开二度，巴萨在国家德比中5比0痛击皇马。对于当时依然处于弗朗哥独裁统治下的加泰罗尼亚人，这场胜利意义非凡。克鲁伊夫对于他们的鼓舞，恐怕很多政治家一辈子都难以企及。巴塞罗那14年未曾触摸的西甲冠军，也在与克鲁伊夫初次邂逅的时节，水到渠成般到来。

◂ 克鲁伊夫是14号球衣最好的代言人，这个原本平凡的号码因他而变得伟大。

△ 1972年6月3日，阿贾克斯在阿姆斯特丹城市剧院外举行冠军庆典。三天前，他们刚刚在欧洲冠军杯决赛中2比0战胜国际米兰，克鲁伊夫包揽了两粒进球。

◁ 1973年，巴塞罗那花费200万美元得到了克鲁伊夫，这是当时世界足坛的第一身价。最终，克鲁伊夫证明了他物有所值。

彼时的克鲁伊夫，已经是公认的超级巨星。1974 年世界杯，像是为克鲁伊夫量身定制的称王舞台。由于拥有自己的赞助商，就连他所穿的球衣都与全队不同。特殊的克鲁伊夫在那届杯赛有着一个特殊的开始，"克鲁伊夫转身"惊艳了世界。时隔多年，被"克鲁伊夫转身"晃过的瑞典球员奥尔森都承认，每当看到那个画面，他总是会笑，他觉得自己看起来就像个傻瓜。

那是一届属于克鲁伊夫的世界杯，面对阿根廷的世界杯处子球，面对巴西的飞身垫射破门，让万千拥趸沉醉其中。那又不是一届属于克鲁伊夫的世界杯，决赛场上，贝肯鲍尔——这位克鲁伊夫一生的朋友，一生的对手，统帅德国刺痛荷兰。距离完美的世界杯，克鲁伊夫咫尺之遥，却终不能及。克鲁伊夫获得了世界杯金球奖，但最终贝肯鲍尔赢得了大力神杯。卷土重来的信念，在两年后的欧洲杯被击得粉碎，当时没人能想到，那会是克鲁伊夫世界大赛的绝唱。他的橙衣生涯曾如烟花般绚烂，但短暂的璀璨，终究难掩归于沉寂后的落寞，他带着无冕之王的遗憾挥手告别。

后来的故事里，克鲁伊夫依然是那个赏心悦目的克鲁伊夫，但他的荣誉簿上却再也没有添上与之相匹配的无上荣耀。在那个年代，他拓荒美利坚，在美洲大陆引领足球热潮；他梦回原点，带领阿贾克斯重回巅峰；他离家出走，代表费耶诺德反戈一击。随着时间流逝，他的年龄在增长，但他的足球却永远年轻，永远充满生机，他的挂靴并未终结他的足球生命，而只是开启了另一扇生机之门。

就像落叶终要归根，倦鸟总要归林，教练克鲁伊夫在 1985/1986 赛季执起了阿贾克斯的教鞭，一切回到了梦开始的地方。克鲁伊夫把全攻全守的战术精髓带回了阿贾克斯，科曼、里杰卡尔德、范巴斯滕、博格坎普，都成为了克鲁伊夫足球哲学的受益者。那时，阿贾克斯的足球极具观赏性，门将也经常像如今的诺伊尔一样，压过中场线。在克鲁伊夫足球智慧的指引下，阿贾克斯拿下荷兰杯与欧洲优胜者杯冠军。但就像球员时代一样，克鲁伊夫还是要去西班牙，目的地不变，依然是巴塞罗那。

1988 年，克鲁伊夫重回巴萨。球员时代，他曾把全攻全守的战术理

︿ 1974年世界杯，克鲁伊夫领军的荷兰队同贝肯鲍尔统领的联邦德国队会师决赛。

﹀ 1974年世界杯决赛，开场仅仅72秒，荷兰队经过16次传递，球到了克鲁伊夫脚下，他带球快速突破到禁区内被铲倒，荷兰队赢得点球。此时，联邦德国队员还没人碰到皮球。

△ 1988年,克鲁伊夫重回巴塞罗那执起教鞭,打造了一支让巴萨人引以为傲的梦之队,瓜迪奥拉等在他身边更是终身受益。

念推及至此，这一次，教练克鲁伊夫同样会将美丽足球、漂亮足球进行到底。欧洲冠军杯，是球员时代克鲁伊夫未曾给巴塞罗那捧回的奖杯，但教练克鲁伊夫在 1991/1992 赛季让这一切变成现实。科曼任意球一脚定江山，巴萨历史上第一次站上欧洲之巅，从此巴萨有了一支引以为傲的梦之队。这一次克鲁伊夫不再身先士卒，而是运筹帷幄，决胜千里。更为神奇的是，这支梦之队从 1990/1991 赛季开始，实现了不可思议的西甲四连冠，真正构筑了属于自己的王朝。而其中连续三个赛季，巴萨都是在联赛最后一轮从别人手中抢走冠军，或许这就是独属于克鲁伊夫的冠军基因。

1996 年，克鲁伊夫选择了离开，但他却并未就此走下神坛，他留给巴萨的拉玛西亚青训营，留给这座城市的足球财富，永远都在。1999 年，正值巴塞罗那百年华诞，克鲁伊夫率领梦之队重回诺坎普，现场十万人用山呼海啸般的呐喊向教父致敬。那一晚的克鲁伊夫，是一个非典型的克鲁伊夫，他动了情，流了泪，十万人呼喊着他的名字，他望向茫茫人海，无语胜千言。

隐退之后的克鲁伊夫，一直安居在巴塞罗那，他的足球智慧也依然闪耀在巴塞罗那的每个角落。毫不夸张地讲，如果没有克鲁伊夫，就不会有瓜迪奥拉，甚至不会有日后的梅西、哈维和伊涅斯塔。克鲁伊夫曾说，任何劣势都有它的优势，小个子拥有大能量。当宇宙巴萨所向披靡之时，似乎一切都在克圣的意料之中。瓜迪奥拉是对的，他说，克鲁伊夫的伟大之处在于，他为巴萨建造了一座伟大的教堂，而后来者只需维护与翻新它。从这个角度而言，克鲁伊夫永远不朽。

克鲁伊夫颠覆了足球，就像毕加索颠覆了绘画艺术。克鲁伊夫的足球会思考，会说话，他超越了传统，定义了现代足球。

如果没有克鲁伊夫，荷兰会缺失足球传统，没有这个传统，并没有太多人会在意荷兰这个国度，他是整个国家的英雄。如果没有克鲁伊夫，世界会缺失一种足球哲学，没有这门哲学，当前的足球世界会面目全非，他是整个足球的英雄。

英雄已逝，但他所建筑的足球殿堂永远矗立，一生传奇，一生思念，一世传奇，一世思念。

2001 年 11 月 11 日
马拉多纳举行退役告别赛

2018 年 7 月 15 日
法国时隔 20 年再夺世界杯

2016 年 12 月 15 日
视频助理裁判首次在国际足联旗下赛事中使用

2006 年 11 月 27 日
卡纳瓦罗成金球后卫

2017 年 3 月 8 日
巴塞罗那 6 比 1 逆转巴黎圣日耳曼

2017 年 11 月 6 日
皮尔洛正式挂靴

2018 年 10 月 7 日
约翰·特里正式告别绿茵场

2016 年 8 月 20 日
巴西首次夺得奥运会男足金牌

2009 年 11 月 10 日
德国门将恩克卧轨自杀

2019 年 2 月 1 日
卡塔尔首次夺得亚洲杯

2010 年世界杯
章鱼保罗神准预测

2017 年 7 月 9 日
鲁尼告别曼联重回埃弗顿

2003 年 8 月 16 日
C 罗首次代表曼联亮相英超

2020 年 9 月 24 日
苏亚雷斯泪别巴塞罗那

2007 年 4 月 18 日
梅西复制马拉多纳经典进球

2018 年 5 月 21 日
伊涅斯塔告别巴塞罗那

2019 年 3 月 11 日
齐达内重回皇马执教

2011 年 12 月 3 日
巴西中场大师苏格拉底去世

2012 年 5 月 13 日
皇马 100 分夺西甲

2012 年 11 月 14 日
伊布拉希莫维奇奉献禁区外惊天神钩

2018 年 4 月 3 日
C 罗对阵尤文上演绝世倒钩

2014 年 12 月 16 日
亨利正式告别绿茵场

2018 年 7 月 11 日
克罗地亚队首次闯入世界杯决赛

2013 年 5 月 8 日
弗格森宣布赛季后退休

2015 年 7 月 5 日
劳埃德女足世界杯决赛戴帽

2014 年 6 月 24 日
苏亚雷斯对基耶利尼上演惊天一咬

2020 年 6 月 27 日
罗本在退役一年后宣布复出

2019 年 4 月 24 日
南安普敦前锋肖恩·朗以 7.69 秒破英超最快进球纪录

2017 年 11 月 13 日
意大利队无缘俄罗斯世界杯

2001年7月9日
达内转会皇马，6450万美元身价创世界纪录

2002年6月21日
小罗鬼魅弧线吊射英格兰

2000年12月11日
贝利和马拉多纳并列成为国际足联20世纪最佳球员

2020年7月17日
利兹联时隔16年重返英超

2003年7月1日
阿布入主斯坦福桥

2006年5月17日
巴塞罗那逆转阿森纳登顶欧洲

2012年5月19日
切尔西史上首夺欧冠

2004年10月16日
阿森纳创造英超49场不败

2020年7月20日
金球奖历史上首次取消评选

2010年5月22日
国际米兰时隔45年再夺欧冠

2007年5月21日
罗马里奥打进职业生涯第1000球

2020年7月26日
尤文豪取意甲九连冠

2014年7月8日
球王国巴西惨遭1比7

献给那些年我们共同的
关于足球和青春的记忆

2014年7月7日
传奇巨星迪斯蒂法诺去世

2015年6月6日
萨力克尤文称雄欧冠

2009年夏天
"银河战舰二代"华丽重组

2011年10月23日
巴洛特利亮出"为什么总是我？"的T恤

2018年3月4日
佛罗伦萨队长阿斯托里在睡眠中离世

2016年3月24日
荷兰巨星约翰·克鲁伊夫去世

2016年2月1日
曼城宣布瓜迪奥拉出任主帅

2017年5月20日
拉姆和哈维·阿隆索同时退役

2016年夏天
冰岛队维京战吼震撼世界

2019年7月7日
美国蝉联女足世界杯冠军

2018年11月21日
"魔兽"德罗巴宣布退役

2019年12月27日
伊布确定重回AC米兰

2017年8月4日
内马尔以2.2亿欧元天价转投巴黎圣日耳曼

2019年5月20日
哈维正式告别足坛

2019年1月21日
加的夫新援萨拉坠机身亡

2017年10月11日
荷兰队确定无缘2018年世界杯

2018年3月4日
佛罗伦萨队长阿斯托里在睡眠中离世

2018年5月6日
梅西C罗最后一次共同出战国家德比